Ichigo-Ichie

El arte japonés de vivir momentos
inolvidables

Héctor García (Kirai) & Francesc Miralles

Ichigo-Ichie

El arte japonés de vivir momentos
inolvidables

Primera edición: febrero de 2019
Primera reimpresión: marzo de 2019

© 2019, Héctor García (Kirai) & Francesc Miralles
© 2019, Penguin Random House Grupo Editorial, S.A.U.
Travessera de Gràcia, 47-49. 08021 Barcelona

Printed in Spain - Impreso en España

ISBN: 978-84-03-51951-0
Depósito legal: B-337-2019

Impreso en Romanyà Valls, S.A.
Capellades (Barcelona)

AG 1 9 5 1 0

Penguin
Random House
Grupo Editorial

ÍNDICE

PARTE III
LA PEQUEÑA ESCUELA DEL *ICHIGO-ICHIE*

«Antes de dedicarse al estudio de los textos sagrados
y a cantar incesantemente los sutras, el estudiante
debería aprender cómo leer las cartas de amor
que mandan la nieve, el viento y la lluvia».
MAESTRO IKKYU

En una vieja tetería

La tarde en la que, sin nosotros saberlo, estaba a punto de nacer este libro, se había desatado una tormenta sobre los callejones de Gion. En el corazón de Kioto, hogar de las últimas geishas entre otros misterios, hallamos refugio en un *chashitsu*, una casa de té desierta de clientes a causa del temporal.

Sentados en una mesa baja al lado de la ventana, los autores de este libro nos fijamos en que el torrente que bajaba por la calle estrecha arrastraba hojas de *sakura* de los cerezos en flor.

La primavera avanzaba, camino del verano, y pronto no quedaría nada de aquellas hojas blancas que provocaban el furor entre los japoneses.

Una anciana con kimono nos preguntó qué queríamos, y elegimos de la carta la variedad más especial: un *gyokuro* de Ureshino, una localidad al sur del país donde se considera que crece el mejor té del mundo.

Mientras esperábamos a que llegara la tetera humeante y las tazas, compartimos nuestras impresiones sobre la antigua capital de Japón. Nos abrumaba saber que en las colinas que rodean la ciudad, con menos población que Barcelona, hubiera dos mil templos.

Luego escuchamos en silencio el fragor de la lluvia contra el empedrado del pavimento.

Cuando la vieja dama regresó con la bandeja, el aroma fragante del té nos arrancó de aquel dulce y breve letargo. Levantamos las tazas para apreciar el verde intenso de la infusión antes de regalarnos un primer sorbo, que sabía amargo y dulzón a la vez.

Justo en aquel momento, una joven que sostenía un paraguas pasó en bicicleta junto a la vieja tetería, y nos dirigió una sonrisa tímida antes de perderse en el callejón bajo la tempestad.

Fue entonces cuando los dos levantamos la mirada y descubrimos aquel plafón de madera que colgaba de un pilar marrón oscuro con una inscripción:

一期一会

Nos entregamos a descifrar aquellos signos que se pronunciaban «*Ichigo-Ichie*», a la vez que el viento húmedo hacía sonar una campanita que colgaba del alero de la tetería. Su sentido vendría a ser: *lo que estamos viviendo ahora mismo no se repetirá nunca más;* por lo tanto, hay que valorar cada momento como un bello tesoro.

Ese mensaje describía a la perfección lo que estábamos viviendo aquella tarde lluviosa en el viejo Kioto.

Empezamos a hablar de otros momentos irrepetibles, como aquel, que quizá habíamos desatendido porque estábamos demasiado ocupados con el pasado, el futuro o las distracciones del presente.

Un estudiante cargado con su macuto que avanzaba bajo la lluvia trasteando con su móvil era un ejemplo claro de esto último, y nos hizo pensar en una cita de H. D. Thoreau, de quien habíamos hablado en nuestro anterior libro: «*No podemos matar el tiempo sin herir a la eternidad*».

Como un fogonazo de inspiración, aquella tarde de primavera entendimos algo que nos haría reflexionar los meses siguientes. En la era de la dispersión absoluta, en la cultura de lo instantáneo, de la falta de escucha y de la superficialidad hay una llave dentro de cada persona que puede abrir de nuevo las puertas de la atención, la armonía con los demás y el amor a la vida.

Y esa llave se llama *Ichigo-ichie*.

A lo largo de estas páginas vamos a compartir una experiencia que será única y transformadora, porque descubriremos cómo podemos hacer de cada instante el mejor momento de nuestra vida.

HÉCTOR KIRAI & FRANCESC MIRALLES

Ichigo-ichie

Los signos que forman el concepto que es el centro de este libro no tienen equivalencia exacta en nuestra lengua, pero vamos a ver dos interpretaciones que nos permitirán comprenderlo.

Ichigo-ichie se puede traducir como «*Una vez, un encuentro*» o también como «*En este momento, una oportunidad*».

Lo que quiere transmitirnos es que cada encuentro, cada experiencia que vivimos, es un tesoro único que nunca se volverá a repetir de la misma manera. Por lo tanto, si lo dejamos escapar sin disfrutarlo, la ocasión se habrá perdido para siempre.

一期一会

Cada uno de los cuatro caracteres significan:

一 (una)
期 (vez) / (periodo de tiempo)
一 (un)
会 (encuentro / oportunidad)

Las puertas de Shambhala

Una leyenda tibetana ilustra de manera muy lúcida este concepto. Cuenta que un cazador iba persiguiendo un ciervo, más allá de las cumbres heladas del Himalaya, cuando se encontró con una enorme montaña separada en dos partes, permitiendo ver lo que había al otro lado.

Junto a esta abertura, un anciano de largas barbas hizo un signo con la mano al sorprendido cazador para que se acercara a mirar.

Este le obedeció y asomó la cabeza a través de aquella rendija vertical que permitía el paso de un hombre. Lo que contempló le dejó sin aliento.

Al otro lado de la abertura había un jardín fértil y soleado del que no se divisaba el final. Los niños jugaban felices entre árboles cargados de frutas y los animales campaban a sus anchas por aquel mundo lleno de belleza, serenidad y abundancia.

—¿Te gusta lo que ves? —le preguntó el anciano al percibir su asombro.

—Claro que me gusta. Esto... ¡tiene que ser el paraíso!

—Lo es, y tú lo has encontrado. ¿Por qué no entras? Aquí podrás vivir dichoso el resto de tu existencia.

Exultante de alegría, el cazador respondió:

—Entraré, pero antes quiero ir en busca de mis hermanos y amigos. No tardaré en regresar con ellos.

—Como quieras, pero ten en cuenta que las puertas de Shambhala se abren una sola vez en la vida —le advirtió el anciano frunciendo ligeramente el ceño.

—No tardaré —dijo el cazador antes de salir corriendo.

Lleno de entusiasmo por lo que acababa de ver, deshizo todo el camino, cruzando valles, ríos y montes hasta llegar a su aldea, donde comunicó el hallazgo a sus dos hermanos y a tres amigos que le acompañaban desde la infancia.

El grupo salió a buen paso, guiado por el cazador, y antes de que el sol se escondiera en el horizonte lograron llegar a la alta montaña que daba acceso a Shambhala.

Sin embargo, el paso que había a través de ella se había cerrado y ya no se abriría nunca más.

El descubridor de aquel mundo maravilloso tuvo que seguir cazando el resto de su vida.

Ahora o nunca

La primera parte de la palabra *Ichigo-ichie* (一期) se utiliza en las escrituras budistas para referirse al tiempo que pasa desde el momento en el que nacemos hasta que morimos. Como en el cuento tibetano que acabamos de ver, la oportunidad o encuentro con la vida es la que se te ofrece ahora. Si no la aprovechas, la habrás perdido para siempre.

Como reza el dicho popular, solo se vive una vez. Cada momento irrepetible es una puerta de Shambhala que se abre y no habrá una segunda ocasión de cruzarla.

Esto es algo que todos sabemos como seres humanos, pero que olvidamos fácilmente al dejarnos arrastrar por los quehaceres y preocupaciones del día a día.

Tomar conciencia del *Ichigo-ichie* nos ayuda a quitar el pie del acelerador y recordar que cada mañana del mundo, cada encuentro con nuestros hijos, con nuestros seres queridos es infinitamente valioso y merece toda nuestra atención.

Esto es así, para empezar, porque no sabemos cuándo termina la vida. Cada día puede ser el último, ya que al acostarse nadie puede asegurar que volverá a abrir los ojos al día siguiente.

Hay un monasterio en España donde se cuenta que cada vez que los monjes se encuentran en un pasillo se dicen: «Recuerda, hermano, que un día vas a morir». Esto les instala en un ahora permanente que, lejos de producirles tristeza o inquietud, los impulsa a disfrutar de cada instante.

Como decía Marco Aurelio en sus *Meditaciones,* el drama de la existencia no es morirse, sino *no haber empezado nunca a vivir.*

En ese sentido, el *Ichigo-ichie* es una invitación muy precisa al «ahora o nunca», ya que, aunque logremos vivir muchos años, cada encuentro tiene una esencia única y no se repetirá.

Tal vez coincidamos con las mismas personas en el mismo lugar, pero seremos más viejos, nuestra situación y nuestro humor serán diferentes, con otras prioridades y experiencias a cuestas. El universo muta de forma continua y nosotros con él. Por eso nada volverá a suceder jamás del mismo modo.

Orígenes del término

La primera constancia escrita que tenemos del *Ichigo-ichie* fue en un libro de notas del maestro de té Yamanoue Soji en el año 1588. La frase que escribió fue:

«Deberás tratar a tu anfitrión como si el encuentro fuera a ocurrir una sola vez en tu vida».

Si dejamos sin traducir el término japonés que nos ocupa, podríamos formular este mandato así: «*Trata a tu anfitrión con* Ichigo-ichie».

Cuando Yamanoue Soji incluyó esta frase en sus notas estaba escribiendo lo que aprendía sobre la ceremonia del té bajo la tutela del maestro Rikyu, considerado uno de los fundadores del *Wabi-cha*, un estilo de ceremonia del té que enfatiza la simplicidad por encima de todo.

Sin embargo, para expresar este concepto, Soji recurrió al japonés antiguo usando 一期一度, que es casi igual que el original 一期一会 pero con el último carácter diferente, que significa «vez» en lugar de «encuentro».

Este cambio fue importante porque nos permite entender el carácter único de cada momento más allá de la ceremonia del té, a la que dedicamos todo un capítulo para entender su profundidad filosófica.

EL «AHORA» EN PUNTO

«Cada ceremonia del té debe ser tratada con una gran atención al detalle porque es Ichigo-ichie, es decir, un encuentro único en el tiempo. Aunque el anfitrión y los invitados se vean a diario, lo que van a vivir no se podrá repetir nunca de forma exacta.

Si tomamos conciencia de lo extraordinario que es cada momento, nos daremos cuenta de que cada encuentro es una ocasión única en nuestra vida.

El anfitrión deberá, pues, mostrar verdadera sinceridad y poner el máximo esfuerzo a cada detalle para asegurarse de que todo fluya de forma grácil y sin problemas.

Los invitados también deben entender que el encuentro no ocurrirá nunca otra vez, por lo que hay que apreciar todos los detalles de la ceremonia que ha preparado el anfitrión y, por supuesto, participar con todo su corazón.

Todo esto quiero decir cuando uso la expresión Ichigo-ichie».

Ii Naosuke, «gran anciano» del sogunato Tokugawa
Chanoyu Icheshu (1858)

Uso actual de *Ichigo-ichie*

Fuera del contexto de la ceremonia del té, hoy en día los japoneses utilizan la expresión *Ichigo-ichie* en dos situaciones:

— Cuando se tiene un encuentro por primera vez con alguien desconocido.

— En encuentros con personas a las que ya conocemos, cuando se quiere enfatizar que cada vez es única.

Por ejemplo, supón que andas perdido por las calles de Kioto y, al pedir ayuda, acabas charlando diez minutos porque la persona a la que preguntas estuvo viviendo una época en Europa. Al despedirte, una buena forma de terminar sería decir *Ichigo-ichie*. Con ello expresas que fue un encuentro bonito que no se volverá a repetir en el futuro.

El segundo uso es más similar a lo que hemos visto sobre la ceremonia del té. Se utiliza con amigos con los que solemos quedar numerosas veces, pero queremos enfatizar que cada encuentro es especial y único. Nuestras vidas van transcurriendo y cada cual va creciendo y transformándose con el tiempo. Como decía Heráclito: *«Nadie se baña dos veces en el mismo río, porque todo cambia, en el río y en quien se baña»*.

En ambos usos de la expresión, la finalidad es mostrar gratitud y apreciar el momento compartido de nuestra vida. A su vez, también transmite una pizca de nostalgia y es un recordatorio de que nuestro paso por el mundo es transitorio, como el ritual de los monjes del que hemos hablado. El *Ichigo-ichie* nos hace conscientes de que cada vez puede ser la última.

Cazadores de momentos

Además de conocer muchos aspectos fascinantes de la cultura japonesa relacionados con el *Ichigo-ichie*, el objetivo de este libro es aprender a crear y vivir momentos inolvidables, con los demás y con uno mismo.

Como iremos viendo a lo largo de los próximos capítulos, el cultivo y práctica del *Ichigo-ichie* nos permitirá llevar una vida más realizada y feliz, sin arrastrar losas del pasado ni angustiarnos por el futuro. Aprenderemos a vivir el presente con plenitud, reconociendo y apreciando lo que nos regala cada instante.

Al terminar este viaje juntos, nos habremos convertido en cazadores de buenos momentos. Sabremos capturarlos al vuelo para disfrutarlos como lo que son: únicos e irrepetibles.

Hay una viñeta muy bonita de los *Peanuts* que muestra a Charlie Brown y Snoopy de espaldas, sentados en un embarcadero frente a un lago, donde tienen la siguiente conversación:

—Un día nos vamos a morir, Snoopy.

—Cierto, Charly, pero los otros días no.

El sentido de esta última frase va más allá del chiste. No sabemos qué día tendremos que abandonar este mundo —y es bueno que así sea—, pero lo que sí depende de nosotros es cómo viviremos «los otros días», todos los que sí estamos vivos. Y los días se componen de encuentros y de momentos que podemos dejar pasar o hacerlos inolvidables.

Esto nos hace pensar en el final de la épica *Boyhood*, la película que Richard Linklater filmó a lo largo de doce años con los mismos actores para que el espectador viera pasar la vida ante sus ojos. A lo largo de 165 minutos vemos cómo Mason, que al inicio del film es un niño de seis años, hijo de padres separados, va creciendo y viviendo experiencias hasta que empieza la universidad.

Después de superar muchas dificultades, la película termina con una excursión al campo con sus nuevos compañeros de facultad. Mason se ha convertido en un muchacho inteligente y sensible, y comparte una puesta de sol con una chica que intuimos que va a ser importante para él.

«¿Sabes eso que se dice de *capturar el momento?* —le dice ella, muy emocionada—. No sé... empiezo a pensar que es al revés, que *el momento nos captura a nosotros*».

Se ha discutido ampliamente de lo que significa esta escena, que tiene mucho que ver con la filosofía japonesa del *Ichigo-ichie*.

Así como las embarazadas descubren vientres abultados en todas partes, cuando nos convertimos en cazadores de momentos, al final todo acaba siendo único y sublime porque tenemos el privilegio de saber que *lo que estamos viviendo ahora mismo no se repetirá nunca más*.

PARTE I

LA BELLEZA DE LO EFÍMERO

Kaika y mankai

Los que conocen el país del sol naciente saben bien que los días más bellos del año tienen lugar cuando los *sakura*, los cerezos japoneses, florecen en primavera.

En las islas subtropicales de Okinawa, donde llevamos a cabo nuestro estudio para *Ikigai**, eso sucede ya en enero, pero en las grandes ciudades de Japón puede observarse entre finales de marzo y mediados de abril, lo cual en la fría isla de Hokkaido se retrasa hasta mayo.

Cada año los japoneses siguen con gran interés las previsiones de cuándo el *sakura* mostrará sus pétalos blancos, que más allá de su belleza tienen una simbología que veremos en este capítulo. El llamado «frente del *sakura*» va avanzando desde el sur hacia el norte, y cada ciudad tiene un árbol de referencia para anunciar el inicio de lo que se ha convertido en un festival de la naturaleza en el que participa toda la población.

Hay 96 árboles de referencia —o «índice»— en Japón que marcan el inicio del *kaika*. En Kioto, por ejem-

---

* En japonés, «razón de ser», o en una traducción más libre, «la felicidad de estar siempre ocupado». Exploramos a fondo este concepto en *Ikigai: los secretos de Japón para una vida larga y feliz.*

plo, se encuentra en el jardín de la oficina meteorológica de la ciudad. Cada mañana sale un empleado para comprobar si los brotes se han abierto. El día que eso sucede, la noticia atraviesa todo el país.

Hanami

Cuando las previsiones de florecimiento, el *sakura zensen*, se cumplen, los japoneses acuden inmediatamente a los parques para el ritual del *hanami*, que literalmente significa «ver las flores».

Si visitamos un jardín en este momento, encontraremos grupos enteros de oficinistas bajo los cerezos en flor, familias paseando entusiasmadas o parejas de enamorados haciéndose fotos con el *sakura* de fondo.

Esta celebración de la naturaleza y de la renovación de la vida —y las esperanzas— es tan antigua que existen crónicas de que en el siglo III de nuestra era ya existían los festivales de *hanami*.

La celebración continúa tras la puesta de sol en lo que es conocido como *yozakura*, o «cerezos de noche». Al atardecer se encienden farolillos tradicionales que se cuelgan de los árboles, lo cual da a los parques y jardines una atmósfera mágica propia de una película del estudio Ghibli.

Grupos de amigos y parejas se sientan bajo el *sakura* nocturno con un vaso de sake en la mano y algunos snacks para disfrutar del momento, una experiencia sin duda *Ichigo-ichie,* ya que cuando caigan los pétalos, cosa que sucede en un par de semanas, habrá que esperar —con suerte, si seguimos aquí— un año entero.

El *sakura* es la prueba visible de cómo las cosas más bellas de la vida son fugaces y no admiten ser postergadas.

La celebración de los cerezos en flor empieza oficialmente con el *kaika,* que es el término para describir los primeros brotes. La flor se abre totalmente al cabo de una semana, alcanzando el llamado *mankai,* que significa «el momento exacto en el que la flor del *sakura* está plenamente abierta».

Los pétalos empiezan a caer de los cerezos una semana más tarde, lo cual puede adelantarse con las ráfagas de viento o la lluvia, como durante nuestra visita en el viejo Kioto.

También ese momento es apreciado por los japoneses, que tienen incluso una palabra, *hanafubuki,* para describir una tormenta de pétalos de *sakura,* un momento sublime que expresa la belleza y poesía de lo efímero.

La magia del *kaika*

En nuestro anterior libro, *Shinrin-yoku,* mencionábamos la historia extraordinaria de Hikari Oe. Con una grave incapacitación, el hijo del premio Nobel descubrió la música mientras paseaba con sus padres por un parque, al escuchar —y reproducir— el canto de un pájaro.

Ese sería un momento típicamente *kaika,* cuando dentro de nosotros empieza a florecer algo que desconocíamos.

Hay mucha magia en el inicio de una nueva pasión, aunque a veces se produce en lugares tan poco poéticos como la piscina de un hotel.

Dan Brown, por ejemplo, cuenta que nunca había pensado en escribir hasta que descubrió un libro abandonado en la hamaca que había ocupado algún bañista.

Había contratado con su esposa un paquete vacacional y se estaba aburriendo de lo lindo, pero aquella novela, *The Doomsday Conspiracy,* de Sidney Sheldon, le salvó las vacaciones.

Nada más regresar a casa, decidió que él también escribiría un thriller y se puso a ello poseído por el *kaika*. Años después, *El código Da Vinci* arrasaba en todo el mundo, haciéndole millonario.

El *kaika* está muy presente en los inicios amorosos. Como la flor de cerezo que se abre, inaugurando la primavera, alguien que un instante antes no existía para nosotros, de repente, nos deslumbra y se convierte en el centro de nuestra vida.

En los misteriosos campos del amor, ese florecimiento puede tener las causas más imprevistas. ¿Qué nos enamora de una persona?

Cuando preguntamos a los demás sobre ese momento inolvidable en el que un nuevo mundo comienza, nos cuentan cosas como estas:

- «La primera vez que oí su voz me quedé sin aliento».
- «Su forma tímida y a la vez profunda de mirar hizo que deseara conocer su mundo interior».
- «Me enamoró la manera delicada en la que recogió el destrozo que yo acababa de hacer».

Son todos ellos momentos de *Ichigo-ichie*, instantes únicos que, si sabemos capturar y valorar, pueden iluminar el resto de nuestra vida.

La fórmula del *mankai*

Cuando el *kaika* es transformador, deseamos convertirlo en *mankai*. Es decir: lograr que madure y se despliegue, con toda su plenitud, aquello que ha nacido en nosotros. Algunos ejemplos:

- La persona enamorada que decide regar el jardín de la relación, en los días buenos y en los no tan buenos, para evitar que se marchite.
- El autor incipiente que, después de concebir la idea de un libro, sigue un horario cada día para avanzar en la escritura hasta completarlo.
- La tenacidad del emprendedor que no quiere que su proyecto sea flor de un día y busca constantemente la forma de mejorar e innovar.

Cuando se habla de la carrera de fondo para convertir una idea o una vocación en la excelencia, a menudo se menciona la regla de las 10.000 horas de Malcolm Gladwell que llevan del *kaika* al *mankai*.

En su libro *Fueras de serie*, este periodista nacido en el Reino Unido comprueba ese cálculo de horas —«el número mágico de la grandeza», en palabras del autor— en personajes tan conocidos como estos:

- Bill Gates empezó a programar a la edad de diez años, ya en el instituto de Seattle. 10.000 horas más tarde lograba dar el golpe en el mundo de la informática.

- Los Beatles completaron las 10.000 horas para la excelencia durante sus dos años en clubs de Hamburgo, donde actuaron ocho horas cada día antes de regresar a su país y arrasar con *Love me do*.

La conclusión del estudio de Gladwell es que con la genialidad no basta, hay que poner mucho esfuerzo y constancia para que el talento se despliegue con todo su esplendor.

FORJADORES DE ESPADAS

La atención por el detalle y la paciencia de los japoneses puede verse en disciplinas de todo tipo. Uno de los casos más conocidos es el restaurante de sushi de Jiro, que pese a encontrarse dentro del metro de Ginza está considerado el mejor del mundo. El hijo del dueño tuvo que practicar durante varias décadas para lograr hacer un buen *tamago* (tortilla para sushi).

Para muchas de estas artes no existe una escuela donde aprender los secretos; el conocimiento se transfiere de maestro a discípulo. Esto es especialmente así en los forjadores de *katanas*, entre otras espadas japonesas.

Actualmente, quedan trescientos espaderos en el país que se mantienen en activo, pero solo treinta de ellos viven exclusivamente de la herrería. Cada uno de estos artesanos tiene discípulos que trabajan bajo su tutela para que el arte de crear filos cortantes no se pierda.

Es un número parecido al de la Barcelona del medievo, cuando había veinticinco espaderos.

Forjar espadas no es algo que se pueda aprender leyendo un libro o estudiando en una academia. Para adquirir el oficio es necesario estar bajo la tutela de uno de los trescientos maestros durante al menos diez años. ¡Más que cualquier carrera universitaria!

¿Por qué es tan difícil forjar una buena *katana?* No entraremos aquí en detalles, pero el proceso para conseguir un buen acero es tanto o más complicado que elaborar una buena tortilla para el sushi.

Uno de los aspectos que más se aprecian es la poca cantidad de carbón que contenga, conservando las propiedades del acero. Las mejores hojas de espada japonesa tienen solo entre un 1 y un 1,2 %. Conseguir esto es extremadamente difícil. Los maestros saben cuándo se llega a estos niveles por intuición, tras poner la pieza en un horno a una temperatura entre 1.200 y 1.500 grados durante tres días.

La espada tradicional japonesa simboliza la fuerza, la perseverancia y la simplicidad, ya que no hay nada accesorio en ella. De ahí el empeño por conseguir el mejor material y luego forjarla con el martillo para conseguir la mayor densidad posible.

Una lección para la vida de los forjadores de espadas —considerados en Japón tesoros nacionales— es *eliminar lo innecesario hasta llegar a lo esencial;* ahí reside nuestra belleza y poder. Y eso solo se logra con paciencia y perseverancia.

Tras algunas voces críticas, como Goleman, que dijeron que el tesón no garantiza nada, ya que en algunos campos es imprescindible tener cualidades innatas extraordinarias, Gladwell declaró:

«La regla de las 10.000 horas no es aplicable a cualquier persona en los deportes de competición. La práctica no una condición suficiente para el éxito. Yo podría jugar al ajedrez durante cien años y no sería nunca un maestro mundial. Pero, en cualquier caso, una capacidad natural precisa de una enorme inversión de tiempo para que se manifieste».

Traducido a una ecuación de términos japoneses, la primera parte de la fórmula es el *ikigai*, descubrir aquello que nos apasiona y que, además, se nos da bien.

Una vez identificada nuestra misión, vendría el *kaika*, que a veces es lo que más nos cuesta: dejar de lado las urgencias de los demás para dar espacio a nuestra pasión, permitir que empiece a brotar aquello para lo que sentimos que hemos nacido.

La tercera sería mantenernos en ese camino, con paciencia y alimentando siempre la ilusión, hasta lograr el *mankai*.

Resumiendo, la fórmula quedaría así: *ikigai + kaika + tiempo = mankai.*

IKIGAI
+
KAIKA
+
TIEMPO
=

MANKAI

© Héctor García & Francesc Miralles

Si descubrimos nuestro talento, nos permitimos empezar y lo convertimos en una prioridad vital, nuestra pasión se desarrollará para nuestra felicidad y la de los demás.

Nunca es tarde para florecer

Cuando pensamos en empezar y desarrollar algo nuevo, a menudo nos viene a la mente una persona joven con toda la vida por delante, pero se trata solo de un prejuicio. Todo el mundo tiene la capacidad de dar un nuevo inicio a su vida, independientemente de su edad.

Incluso un anciano puede decidir hacer borrón y cuenta nueva y reinventarse, porque también tiene *toda su vida* por delante. Lo que importa no es cuántos años más podamos vivir, sino qué vamos a hacer con el tiempo que nos queda.

En Japón es muy común empezar una existencia totalmente nueva después de terminar la vida laboral «oficial». Personas que han pasado la mayor parte de su existencia en oficinas, atendiendo las necesidades de una empresa, toman responsabilidad de su propia vida y mientras la fuerza les acompañe, como viejos jedis, desafían la edad haciendo aquello que siempre soñaron.

Por eso es muy habitual encontrar a guías turísticos de ochenta años o más en las pequeñas estaciones de tren, que se ofrecen voluntariamente a los forasteros para explicarles lo que pueden ver en la región y les aconsejan sobre horarios de autobuses y *trekkings*.

El viajero que baje en la estación de Yudanaka, por ejemplo, pueblo de aguas termales —*onsen*— y punto de partida para visitar a los macacos de las nieves de Nagano, será recibido a su llegada por estos ancianos encantadores, felices de poder practicar el inglés con caminantes venidos de todo el mundo.

Tal como aprendimos de los maestros de la larga vida en Okinawa, durante nuestro estudio para *Ikigai*, si te atreves a hacer lo que amas, cada día puede ser el mejor día de tu vida.

Dos ejemplos de *late bloomers*

Esta expresión anglosajona que significa «los que florecen tarde» se usa para las personas que descubren su talento, quizá incluso el *ikigai* que guía su vida, a una edad avanzada.

Desafiando la idea preconcebida de que el punto máximo de florecimiento intelectual se produce en el adulto aún joven, que a partir de la madurez irá declinando con la edad, el *late bloomer* nunca deja de mejorar y renovarse, ya que utiliza la sabiduría acumulada para subir siempre un peldaño más hacia nuevos retos.

Vamos a poner dos ejemplos muy claros de que no hay edad para los grandes logros.

El primero es la filipina Melchora Aquino de Ramos, que cuando estalló la revuelta que llevaría a la independencia de su país tenía ochenta y cuatro años. Lejos de amedrentarse, utilizó la tienda que regentaba como refugio para heridos y perseguidos, además de dar consejos a los revolucionarios desde aquel modesto cuartel general, donde se organizaban reuniones secretas.

Las actividades subversivas de la anciana no pasaron por alto al poder colonial, que la detuvo e interrogó para identificar a los líderes revolucionarios. Melchora Aquino se negó a dar ninguna información, con lo que fue deportada a las islas Marianas.

Cuando Estados Unidos tomó el control de Filipinas, Melchora regresó a su hogar como una heroína nacional y fue nombrada Gran Mujer de la Revolución. Se implicó activamente en la creación de su nuevo país durante más de veinte años, ya que murió a los ciento siete.

El campo de las artes es aún más propicio para los *late bloomers.* El británico de nacimiento Harry Bernstein publicó un cuento a los veinticuatro años, pero no empezaría a escribir su primera novela, *El muro invisible,* hasta los noventa y tres. Logró terminarla y verla publicada en el 2007, cuando ya contaba noventa y seis años.

Tras conocer el éxito a esa edad, los periodistas le preguntaron qué le motivó a debutar como novelista de forma tan tardía. Argumentó que fue la soledad con la que se encontró al perder a su esposa, con la que había estado casado sesenta y siete años, lo que le llevó a asumir aquella misión.

Alentado por el calor de los lectores, Bernstein escribiría aún tres novelas más hasta morir a los ciento un años. Además de dejar ese legado, en una entrevista al *New York Times* dijo: «*Si te las apañas para seguir vivo y con salud, a partir de los noventa años solo Dios sabe las capacidades que están al acecho dentro de ti*».

Y tú, ¿dónde vives?

Las personas capaces de desplegar una vida larga y llena de sentido suelen tener dos características: son conscientes de su misión y saben disfrutar de cada momento. Por lo tanto, como comprobamos con los ancianos de Ogimi, viven el instante como una oportunidad permanente: *Ichigo-ichie.*

Si observamos a las personas de nuestro alrededor, sin embargo, o incluso a nosotros mismos, veremos que a menudo nos resulta difícil mantenernos en el presente. Nuestros pensamientos viajan en todas direcciones, pero les cuesta quedarse en el lugar donde estamos ahora, con lo que hacemos ahora, con quien estamos ahora.

Si estás solo, este «quien» eres tú mismo.

Las cuatro emociones básicas y el tiempo

Aunque el psicólogo social Paul Ekman amplió las emociones a seis, basándose en las expresiones faciales, al añadir la sorpresa y el asco, hay cuatro emociones básicas que marcan nuestra vida y que, como veremos enseguida, nos sitúan en uno u otro lugar del tiempo.

Vamos a detenernos un poco en cada una de ellas:

1. *Ira.* Esta emoción, ligada al instinto de supervivencia, originalmente nos servía para afrontar una amenaza para nosotros o los nuestros. Por eso, al enfadarnos, nuestros músculos se ponen en tensión, dispuestos para la lucha y el contragolpe, a la vez que se acelera el ritmo cardíaco y respiratorio. Nuestro cuerpo libera adrenalina y noradrenalina, lo que nos produce una sensación de estrés que luego derivará en agotamiento.

Además de estar socialmente mal vista, el problema de esta emoción es que, a día de hoy, pocas veces está ligada a una amenaza real, puesto que fuera de situaciones extraordinarias —una guerra, una agresión en la calle— no tenemos depredadores.

Actualmente, nos enfadamos porque encontramos injusto o mal hecho algo que nos ha sucedido. Si pasamos al ataque, muchas veces nos descontrolamos y aumentamos el problema, porque entonces la otra parte se siente amenazada y ataca a su vez. Si reprimimos la rabia, entonces nos hacemos daño a nosotros mismos.

Tanto si atacamos como si nos reprimimos, la ira es casi siempre una emoción destructiva, como ya señalaba

Buda: «*Estar enojado es como tener un carbón ardiente en la mano y la intención de arrojárselo a alguien. Quien se quema eres tú*».

Puesto que casi siempre nos enfadamos por nuestra interpretación de algo que ha sucedido o que alguien ha hecho, *la ira nos proyecta al pasado*, impidiéndonos disfrutar del ahora.

2. *Tristeza*. Esta emoción está ligada a la pérdida, en un amplio abanico de situaciones. La sentimos al perder a un ser querido, tras una muerte o separación, lo cual nos lleva a un proceso de duelo para integrar la nueva situación. También nos ponemos tristes cuando perdemos un objeto que tiene valor o utilidad para nosotros —por ejemplo, el teléfono móvil—, cuando se estropea el coche o vemos disminuidos nuestros ingresos.

Hay tristeza de carácter más existencial, que nos invita a la reflexión, como cuando sin razón aparente perdemos la ilusión, las ganas de vivir, y nos instalamos en una apatía que nos marchita.

Cuando la tristeza se prolonga en el tiempo, más allá de lo que requiere por aquello que se ha perdido, puede derivar en una depresión.

En su dimensión saludable, la tristeza nos permite comprender lo que ha pasado, despedirnos de aquello que amamos y preparar una nueva estrategia vital. Puede traducirse en arte, bajo cualquiera de sus formas, como una vía de alquimia interior.

Desde un punto de vista fisiológico, Ekman señala que esta emoción hace que bajemos los párpados superiores y los extremos de los labios. La persona triste no presta atención a lo que tiene delante —*no está en el ahora*— y por eso decimos que alguien tiene «la mirada perdida».

De cualquier forma, también *la tristeza nos proyecta al pasado*, ya que lleva nuestra atención a lo que perdimos y ya no existe, o a aquello que queríamos obtener y no hemos conseguido. En cualquiera de los casos, mientras nos sentimos tristes no estamos aquí ni ahora.

3. *Miedo.* Muy ligada al instinto de supervivencia, igual que la ira, es una emoción que nos previene ante una amenaza o daño que podemos recibir. Cuando el ser humano vivía en la selva, era imprescindible sentir miedo para detectar los peligros inminentes y preparar nuestro cuerpo para la lucha o la huida.

Al igual que sucede con la ira, el miedo activa la segregación de adrenalina y noradrenalina, lo que dispara el pulso y la tensión arterial, además de hiperventilar. Otros síntomas físicos del miedo son la sudoración, los temblores y la tensión muscular, que a veces puede hacernos sentir paralizados.

El problema, al igual que sucede con la ira, es que en la actualidad la alarma del miedo se dispara muchas veces sin que haya un depredador o amenaza real. Sentimos miedo ante cosas que podrían suceder, pero que no están aquí ahora mismo. Tememos perder el trabajo, la pareja, el cariño o atención de nuestros amigos, la salud...

Este miedo anticipatorio, basado en nuestras predicciones de lo que podría suceder, si se produce de forma sostenida, puede llevar a un trastorno de ansiedad, con episodios incluso de ataques de pánico. Nos da tanto miedo lo que podría ocurrir que el miedo al miedo nos paraliza.

Se trata sin duda de *una emoción que nos proyecta al futuro.* Mientras vivimos en el miedo, es imposible disfrutar de lo que hacemos y tenemos.

1. *Alegría.* Es la emoción menos estudiada, y tiene un carácter misterioso, ya que no siempre está justificada y hay personas con una especial predisposición para experimentarla, así como otras que parecen boicotearla.

Dependiendo de su intensidad, estar alegre nos sitúa en un rango de experiencias interiores que van desde la satisfacción serena a la euforia desatada. En todo caso, es una emoción que convoca la celebración de la vida, la ligereza y el optimismo.

La alegría nos vuelve expansivos, lo cual explica por qué cuando nos sentimos así necesitamos compartirla con los demás. Al experimentarla nos volvemos más empáticos, generosos y humanos.

En un partido de fútbol, cuando un jugador marca un gol, sale corriendo a abrazar a sus compañeros. La alegría se vive y se da. No solo nos sitúa en el lado soleado de la vida; también nos acerca a los demás.

El escritor y conferenciante Álex Rovira distingue entre dos calidades de esta misma emoción: la alegría con objeto y la alegría sin objeto. La primera depende de acontecimientos externos y, por lo tanto, es efímera: la victoria de nuestro equipo de fútbol, que nos toque la lotería, un ascenso en el trabajo... La alegría sin objeto surge del interior del individuo, sin ninguna razón especial para ello, como una emisora del alma que decidimos sintonizar. Trabajaremos esta emoción incondicional, que nos instala en un estado de felicidad, en la parte práctica del libro.

De las cuatro emociones básicas que hemos visto, únicamente *la alegría pertenece al presente*, y es el hogar del *Ichigo-ichie*. Justamente porque sabemos que esto sucede solo ahora, y no antes o después, lo celebramos entregándonos a saborear el instante con plenitud.

EMOCIÓN	TIEMPO	PALABRA CLAVE
Ira	Pasado	Vuelve
Tristeza	Pasado	Despierta
Miedo	Futuro	Regresa
Alegría	Presente	Ichigo-ichie

Traducir las emociones en tiempo

Desde la popularización de la Inteligencia Emocional, las personas cada vez somos más conscientes de lo que sentimos, pero no solemos advertir cómo las emociones nos hacen viajar al pasado o al futuro, y no por placer.

Un ejercicio tan sencillo como traducir las emociones en tiempo es, en ese sentido, un instrumento muy poderoso para volver al presente, donde residen la alegría, la serenidad y la atención que caracterizan el *Ichigo-ichie*.

Para ello solo es necesario que, cada vez que te sientas mal, empieces a traducirlo así:

¿Estás enfadado / triste? Vives en el pasado. ¡Vuelve!

¿Tienes miedo? Vives en el futuro. ¡Regresa!

Cuando dejamos de proyectarnos al pasado o al futuro, recuperamos la alegría del ahora.

Si traducimos las emociones en tiempo, nos resultará mucho más fácil salir de ellas, porque a nadie le gusta estar exiliado del país del presente, donde suceden las cosas importantes.

Por eso, si me doy cuenta de que estoy en el pasado, me voy de allí. Y si estoy en el futuro, vuelvo.

¿CUÁL ES TU NIVEL DE PRESENTE?

Hemos diseñado este pequeño test como punto de referencia para evaluar nuestra capacidad de estar en el ahora y, por lo tanto, de disfrutar del momento:

1. Tras recibir un correo, mensaje o llamada hiriente...
a) Me disgusto en el momento y respondo enseguida lo que considero conveniente, pero me olvido a continuación del asunto.
b) Le doy vueltas durante un buen rato hasta que encuentro la manera adecuada de reaccionar.
c) Responda o calle, me quedo todo el día —o varios días— afectado por esta situación.

2. Hace tiempo que noto que un amigo antes cercano ya no me trata con el cariño y atención de antes. Por mi parte...
a) No le doy demasiada importancia. Pienso que debe de estar estresado o en otras cosas ahora mismo. Ya volveremos a coincidir en un tiempo más propicio.
b) Le preparo un largo mail o fuerzo una cita para interrogarle y saber si le pasa algo conmigo o si tiene algún problema.
c) Me ofende mucho su desatención y decido borrarlo de mis prioridades. Si esta persona es incapaz de corresponder a mi cariño, es que tampoco lo merece.

3. En un viaje de placer, nada más llegar a mi destino, descubro que me han perdido la maleta. Veinticuatro horas después sigue sin aparecer y yo...

a) No pienso amargarme el viaje, así que voy a comprar ropa y los enseres necesarios y empiezo a disfrutar de las vacaciones. Si la maleta no aparece, ya reclamaré a mi vuelta el valor de lo perdido.

b) A lo largo de las vacaciones voy llamando un par de veces al día a la compañía para que no dejen de buscar la maleta. Les pongo presión.

c) Sin mi ropa y mis cosas, estoy tan disgustado que me cuesta disfrutar de las vacaciones. No paro de maldecir a la compañía aérea y lo inútiles que son sus empleados.

4. Leo en la prensa que la empresa o sector para el que trabajo va a entrar en crisis en breve. Mi reacción es...

a) Seguir haciendo mi trabajo de la mejor manera posible, puesto que esa es la parte que depende de mí.

b) Empiezo a llamar a compañeros que trabajan en mi mismo ámbito para ver si la situación es tan preocupante como dicen.

c) Me entra ansiedad y me pongo a buscar alternativas por si efectivamente todo se hunde.

5. Llega a mis oídos que una profesora muy entusiasta a la que valoraba mucho tiene una enfermedad terminal.

a) Averiguo dónde está ingresada para acudir cuanto antes a pasar un rato con ella, si me da el permiso.

b) Me pongo a pensar sobre la fugacidad de la vida y cómo todo lo bueno se acaba.

c) Aumenta mi hipocondría y me digo que debo hacerme revisiones médicas más regularmente a partir de ahora.

RESULTADOS

Las (a) tienen valor 0, cada (b) suma 1 punto y cada (c) 2 puntos. Calcula el total de puntos entre las cinco respuestas:

* De 6 a 10 puntos (POBRE) > Te proyectas muy fácilmente al pasado o al futuro, lo cual es fruto del estrés o ansiedad que te impide disfrutar de la vida. Necesitas aprender a regresar al presente.

* De 3 a 5 puntos (MEJORABLE) > Tu nivel de agitación mental no es preocupante, pero si dieras menos vueltas a las cosas ganarías en serenidad y serías, sin duda, más feliz. Con un poco de entrenamiento, puedes lograrlo.

* 2 puntos o menos (ÓPTIMO) > Aunque los acontecimientos te lleven al pasado o al futuro, sabes regresar enseguida al presente. Eres, potencialmente, un maestro del Ichigo-ichie con capacidad para inspirar a otros.

El presente es un regalo que hay que abrir

Desde que Siddhartha Gautama enseñaba a sus discípulos a anclarse en el aquí y ahora, llevamos 2500 años persiguiendo ese presente que tan a menudo se funde entre nuestros dedos como si fuera nieve.

En el siguiente capítulo veremos las estrategias que nos propone el *zen* para mantenernos en el presente y cómo un monje japonés llegó a influir en Steve Jobs. Antes de eso, sin embargo, terminaremos este capítulo viendo qué sucede dentro de nosotros cuando logramos fluir en este oasis que nos aísla de los sufrimientos del pasado y de los miedos del futuro.

Hace una década Philip Zimbardo, profesor de psicología en Stanford, publicaba junto a John Boyd *La paradoja del tiempo*, donde describía así la mente atenta al presente:

«Cuando eres plenamente consciente de lo que te rodea y de ti mismo en el presente, eso aumenta el tiempo que pasas nadando con la cabeza fuera del agua. Este estado no te impide ver los peligros y placeres potenciales... Al contrario, al ser consciente de tu situación y del destino al que te diriges, puedes hacer correcciones en tu camino».

Para los que llevan buena parte de su vida exiliados del presente, una experiencia así resulta transformadora, como demostraron Jennifer Aaker y Melanie Rudd, colaboradoras de Zimbardo, en una serie de experimentos en los que ayudaron a varios sujetos a vivir un pequeño momento de «atemporalidad».

Según las conclusiones de las investigadoras: *«Estas personas sintieron de inmediato que tenían más tiempo disponible del que creían, se mostraron menos impacientes, y más deseosas de ayudar a otros; de repente daban preferencia a las experiencias sobre las cosas materiales».*

Mientras fluían con el momento, los sujetos reportaron que se sentían mucho más satisfechos con su vida.

Los resultados del experimento justifican que, no solo en inglés, *present* signifique también regalo. El presente está siempre aquí, se ofrece a nosotros momento a momento para que sea inolvidable. Sin embargo, como todo regalo, primero hay que abrirlo.

A continuación, veremos cómo hacerlo.

Zensaciones

Se han contado muchas cosas sobre Steve Jobs, pero un aspecto bastante desconocido de su vida es cómo se inició en el zen que marcaría sus creaciones en Apple.

En los dos años que estuvo en la universidad, de los cuales año y medio asistió como oyente por falta de recursos, se cuenta que pasaba la mayoría del tiempo leyendo sobre religiones y filosofía oriental. Comentaba estos descubrimientos con su amigo Daniel Kottke, que años después trabajaría en los primeros Macintosh, hasta el punto de que su firma fue grabada en la pared interior de los equipos.

Pero antes de que Steve supiera cuál sería su destino empresarial, al regresar a su casa en 1974, se puso a trabajar en Atari, empresa pionera de los videojuegos caseros, para ahorrar dinero con intención de viajar a Oriente.

Al cabo de unos meses, pudo dejar el trabajo para salir de viaje hacia la India en compañía de Daniel Kottke, a quien había contagiado su búsqueda de la espiritualidad.

No encontraron a ningún gurú que les convenciera, tras consumir meses enteros dando vueltas por la India en autobús. El evento más interesante del viaje fue cuando un monje hindú se acercó a Steve Jobs con una navaja de afeitar y, sin previo aviso, le dejó la calva al aire.

A su regreso, volvió a trabajar unos meses en Atari —participó en la creación del juego *Breakout*— hasta que consiguió vender los primeros Apple I con su socio Steve Wozniak. Tan solo cinco años después, la compañía saldría a bolsa convirtiendo a más de trescientos empleados de la manzana en multimillonarios.

LA SERENIDAD DEL *ZAZEN*

Zazen (坐禅) significa, traducido literalmente, «zen禅 sentado坐» y es una de las formas de meditación más populares en Japón. Tradicionalmente, se practica sentándose en posición de loto o medio-loto sobre un cojín.

Lo más importante es mantener la espalda recta, desde la pelvis hasta el cuello. La mirada hay que dirigirla al suelo, a más o menos un metro de distancia, o bien mirando a una pared, como es el caso de la meditación *zazen* de la escuela Rinzai.

El objeto de meditación en el *zazen* no es nada específico, simplemente hay que centrarse lo máximo posible en el presente, observando sin apego alguno aquello que pase por tu mente.

«Estando sentado sin moverte, piensa en no pensar. ¿Cómo piensas en no pensar? No pensando. Este es el arte del zazen», dijo Dogen Zenji (1200-1253), considerado el creador de esta práctica.

Observemos que el viejo maestro no hablaba de «dejar la mente en blanco», como a veces se considera erróneamente la meditación, sino de «no pensar». Esto implica dejar pasar cualquier cosa que circule por nuestra mente, sin apegarnos a ello. De este modo, se consigue un estado sin pasado y sin futuro, que nos permite sentir todas las sensaciones de nuestro cuerpo en el presente.

Los años del *zazen*

Durante esa época, Steve Jobs empezó a practicar *zazen* en el San Francisco Zen Center. Allí conoció al monje Kobun Chino Otogawa, quien sería su mentor y amigo durante el resto de su vida.

Dicen que Steve Jobs era uno de los alumnos que más horas pasaba meditando. En ocasiones, se tomaba unos días libres de su actividad frenética para ir a Tassajara, el primer monasterio zen de Estados Unidos. Se sentaba frente a una pared y observaba su actividad interior durante semanas. A Steve le gustaba la idea de usar la mente para inspeccionar la mente, algo conocido en psicología como «metacognición».

Aprenderemos esta técnica en la tercera parte del libro, pero antes vamos a ver quién era el gurú que marcó profundamente la vida del fundador de Apple.

Nacido en Kioto, Kobun Chino Otogawa pasó los primeros treinta años de su vida en Japón, tres de ellos en el principal monasterio del Soto Zen. A finales de los 60, se trasladó a Estados Unidos con la misión de transmitir el zen a Occidente, además de enseñar el arte del *haiku* y la caligrafía *shodo*.

Todos sabemos que Steve Jobs era aficionado a la caligrafía. Para él era muy importante que las letras en la pantalla de sus ordenadores fueran bellas. Esta fue solo una de las influencias que recibió de su maestro.

También le instruyó en la magia de entregarlo todo al momento fugaz, el *Ichigo-ichie* que Kobun había aprendido en las casas de té.

INSPIRACIONES DE KOBUN CHINO OTAGAWA

«Nos sentamos para dar sentido a nuestra vida (...) y empezamos aceptándonos a nosotros mismos. Sentarnos es regresar a quiénes somos y dónde estamos».

«Cuanto más consciente seas de la rareza y valor de tu propia vida, más te darás cuenta de cómo emplearla (...) Nos enfrentamos a una gran tarea. Por eso nos sentamos».

En una ocasión, Kobun preguntó a un discípulo:
«Cuando todos los maestros se hayan ido, ¿quién será tu maestro?».
«¡Todo!», contestó el discípulo.
Tras una breve pausa, Kobun le dijo:
«No, tú».

Kobun Chino Otogawa fue el mentor espiritual y amigo íntimo de Steve Jobs —a quien incluso ofició su boda—, durante más de veinte años, hasta su muerte en el 2002.

Antes de fundar Apple, Steve Jobs estuvo considerando qué hacer con su vida, y una de las opciones que más le atraían era consagrar el resto de su existencia al Zen.

Al conocer sus planes, Kobun Chino Otogawa desaconsejó a Steve que se retirara del mundo, y le convenció con estas palabras: «*Encontrarás el zen en el día a día dedicándote con pasión a lo que te guste (...) Puedes seguir teniendo una vida espiritual mientras diriges tu negocio*».

Es decir, le estaba invitando a buscar la espiritualidad en su *ikigai*.

Obedeciendo a su maestro, Jobs se embarcó en una aventura que revolucionaría varias industrias —informática, telefónica, musical...— para siempre.

La inspiración japonesa de Apple

El zen fue una herramienta fundamental para Steve Jobs a la hora de diseñar sus productos en Apple. Una máxima suya siempre fue simplificar al máximo, eliminar cualquier elemento que no fuera estrictamente necesario.

El iPod, cuyo diseño simple, bello e intuitivo fue una auténtica revolución en su momento, y el iPhone, entre otros productos, ponen de manifiesto lo mucho que Steve Jobs apreciaba la simplicidad que había aprendido del zen.

Sin embargo, no viajó a Japón por primera vez hasta principios de los 80, cuando buscaba la unidad *floppy* más apropiada para el primer Macintosh. En ese viaje, conoció a Aiko Morita, el fundador de Sony, y pudo probar en exclusiva uno de los primeros prototipos del Walkman, dispositivo que impresionó a Steve Jobs. Otra de las cosas que le cautivó fueron las factorías de Sony, que emuló a la hora de montar las fábricas de Apple.

Además de hacer negocios, Steve Jobs aprovechó para visitar Kioto y el monasterio Soto Zen Eiheiji, donde se había curtido su maestro antes de trasladarse a los Estados Unidos.

Jobs volvería a Japón muchas veces a lo largo de su vida, y siempre que podía se escapaba a Kioto, su ciudad favorita.

Otro de los japoneses a los que Steve Jobs admiraba era Issey Miyake, muy centrado en buscar la elegancia a través de la simplicidad. Entabló con él una relación bastante personal, y el diseñador sería el responsable de crear el legendario suéter de cuello alto que lució Steve casi a diario durante los últimos años de su vida.

Ocho lecciones zen para una vida *Ichigo-ichie*

Aunque Steve Jobs era un hombre colérico y a menudo injusto con las personas que le rodeaban, el estudio del zen le sirvió para llevar la belleza, simplicidad y armonía a millones de hogares con sus creaciones.

No obstante, las enseñanzas de esta versión japonesa del budismo tienen, sobre todo, un gran poder para incorporar el *Ichigo-ichie* a nuestra vida diaria:

1. *Limítate a sentarte, y observa qué sucede.* Nuestra miopía espiritual hace que a menudo busquemos lejos —en el espacio y el tiempo— lo que en realidad tenemos cerca. El zen nos enseña simplemente a sentarnos y abrazar el instante, sin más ambiciones. Si estamos con otras personas, celebremos su compañía como un regalo.

2. *Saborea este momento como si fuera tu último suspiro.* Solo puedes vivir un día a la vez, y además nadie puede estar seguro de amanecer al día siguiente. Por lo tanto, no aplacemos la felicidad. El mejor momento de tu vida es siempre este.

3. *Evita las distracciones.* Un viejo proverbio dice que el cazador que apunta a dos presas no caza ninguna, y lo mismo sucede cuando tratamos de seguir una conversación o queremos leer un libro a la vez que miramos el móvil de reojo. El zen enseña a hacer una sola cosa a la vez como si fuera lo más importante del mundo. Si lo haces así, sin duda lo será.

4. *Libérate de todo lo accesorio.* El viajero experto se distingue más por lo que deja en casa que por lo que carga en la maleta. Dado que la vida es una aventura apasionante en la que conviene ir ligero de equipaje, pregúntate cada día, cada momento en el que te sientas sobrecargado: ¿de qué puedo prescindir?

5. *Hazte amigo de ti mismo.* En lugar de compararte con los demás, de preocuparte por lo que piensan los

otros, asume que eres un ser único en el mundo. Como decía el violoncelista Pau Casals en un poema dirigido a los niños: eres una maravilla y nunca antes ha habido —ni habrá— nadie como tú.

6. *Celebra la imperfección.* Si ni siquiera la naturaleza, con sus pliegues y sinuosidades, con sus nacimientos y muertes, es perfecta, ¿por qué deberías serlo tú? Cada fracaso es una señal de que se puede tomar un camino diferente. Cada defecto, una invitación a pulir el diamante. Si hay voluntad de mejora, es perfecto ser imperfecto.

7. *Practica la compasión.* Desde un punto de vida budista, compadecerse no significa sentir pena por alguien, sino una empatía profunda que nos permite viajar hacia el lugar y situación del otro para entender sus motivaciones y sus errores, si es necesario. Todo el mundo actúa desde donde se encuentra en su momento de evolución personal. Incluso cuando su conducta es detestable, aquí y ahora es lo mejor que puede hacer con lo que tiene.

8. *Deshazte de las expectativas.* Hacer pronósticos, esperar que sucedan determinadas cosas, es una manera segura de matar el momento. El *Ichigo-ichie* se vive con la mente no condicionada que enseña el zen.

Sobre este último punto, las expectativas son como el envoltorio que impide que veamos un regalo. Una vez nos libramos de ellas, el presente se nos ofrece con todo su esplendor.

Dukkha y mono no aware

Este concepto del budismo muchas veces se traduce incorrectamente como «sufrimiento», pero una forma más acertada de explicar el término *dukkha* sería: «*esa ligera angustia e insatisfacción que todos los seres vivos sentimos en nuestro interior continuamente porque sabemos que el cambio es inevitable*».

A lo largo de nuestra vida, a menudo luchamos para intentar escapar de este sentimiento en vez de aceptarlo. Por ejemplo, las adicciones son una vía de escape para calmar nuestro *dukkha*.

La sociedad actual nos ofrece numerosas formas de escapar de la realidad: videojuegos cada vez más inmersivos, entretenimiento en internet, alcohol y drogas... Especialmente, cuando pasamos por una crisis o acabamos de vivir una pérdida, buscamos formas de alejarnos de este sentimiento de impermanencia tan propio de la vida.

Nada dura para siempre, ni lo bueno ni lo malo. Asumirlo es la clave para aprovechar al máximo los momentos sublimes que nos regala la vida y no desesperar cuando viene una mala racha.

La segunda flecha

Hay una historia reveladora que cuenta cómo Buda aleccionaba a uno de sus discípulos con una técnica para lidiar con el *dukkha* que aparece en nuestras vidas sin remedio.

—Si una persona está caminando por un bosque y le alcanza una flecha, ¿es doloroso? —preguntó el maestro.

—Por supuesto... —respondió el discípulo.

—Y si a continuación le alcanza una segunda flecha, ¿es más doloroso aún? —siguió Buda.

—Por supuesto, mucho más que la primera.

—Pues la primera flecha representa las cosas malas que nos suceden —concluyó Buda— y no podemos evitar, aquellas sobre las que no tenemos control alguno. Pero la segunda flecha nos la lanzamos a nosotros mismos, infligiéndonos un daño innecesario.

La segunda flecha es lo que lo que modernamente se ha denominado metaemociones: lo que sentimos sobre lo que hemos sentido.

Si nos ocurre algo malo, experimentaremos dolor, no hay remedio, pero después del primer impacto de un infortunio tendemos a reaccionar rumiando sobre lo que ha sucedido. Y cuando empezamos a darle vueltas, alimentando el dolor del primer impacto, lo único que conseguimos es crear mucho más dolor. Esta es la segunda flecha.

No hay forma de protegernos de las primeras flechas, porque la vida es una aventura de riesgo constante, pero sí podemos evitar clavarnos las segundas, que son la preocupación y la ansiedad que surgen de pensar en las primeras.

Buda lo resumía con el que quizá sea su aforismo más célebre: «*El dolor es inevitable, el sufrimiento es opcional*».

Algunas medidas para evitar las segundas flechas que nos amargan la existencia, mucho más allá de los golpes del destino:

- *Entender que la vida está hecha de sinsabores y satisfacciones,* y que sin los primeros no podríamos disfrutar de las segundas, ya que apreciamos las cosas buenas por contraste. El agua fresca nos da más placer después de haber pasado sed. Encontrar el amor es un privilegio mucho mayor después de haber vivido la tristeza y la soledad.

- *Tomar conciencia de la temporalidad del dolor.* Aquello que nos hiere tiene una duración limitada, a no ser que nos empeñemos en ampliar y alargar su eco. Si no nos recreamos en el dolor y nos limitamos a vivirlo, este se irá extinguiendo, y muchas veces sedimentará dentro de nosotros en forma de aprendizaje.

- *Compensar los infortunios disfrutando de momentos de* Ichigo-ichie. Tanto si es en soledad como en compañía de personas queridas, la mejor manera de superar un mal trago es regalarnos una experiencia bella y dulce que nos enseñe el lado soleado de la vida. En la tercera parte de este libro veremos muchos ejemplos de cómo hacerlo.

Resumiendo, si aceptamos la primera flecha —el dolor—, pero no nos clavamos la segunda —el sufrimiento que genera darle vueltas—, evitaremos autoflagelarnos y viviremos de manera más ligera, disfrutando de todo lo bueno que nos ofrece la vida.

Participar en una ceremonia del té, practicar un deporte que nos gusta, escuchar música, leer un libro apasionante, desarrollar una afición, encontrarnos con amigos con un espíritu 100 % *Ichigo-ichie* nos reconecta a la vida, por muchas adversidades y decepciones que hayamos experimentado.

Mono no aware

Esta expresión japonesa que se usa para expresar la apreciación de la belleza se traduce, literalmente, como «tomar conciencia del paso del tiempo». Podemos hablar de la *tristeza amable* del *mono no aware,* en referencia a la emoción fuerte que nos embarga cuando de verdad nos percatamos de que lo que estamos viendo, oliendo, escuchando y sintiendo es un presente de naturaleza efímera.

MONO NO AWARE 物の哀れ

哀れ: *pathos**
の: de
物: las cosas

La expresión conjunta significa: la nostalgia y tristeza que nos produce la impermanencia de la vida y de todas cosas que existen.

* En el sentido aristotélico, pathos es el sentimiento humano, que puede llegar al sufrimiento existencial.

Sentir *mono no aware* no es una experiencia negativa; al contrario, es estar conectado con la auténtica esencia de la vida, con lo efímero, y por lo tanto es una vía directa al *Ichigo-ichie*.

La expresión *mono no aware* fue utilizada por primera vez por un erudito japonés del siglo XVIII llamado Motoori Norinaga para describir el estado de ánimo general del pueblo japonés. Para ello, se inspiró en la literatura clásica, en especial en estas dos frases de la novela épica *Heike Monogatari*, escrita en 1330:

El sonido de la campanas de Gion hace eco en la impermanencia de todo lo que existe; los demasiado orgullosos no sobreviven, son como un sueño en una noche de primavera.

La naturaleza nos procura bellos momentos de *mono no aware:* el florecimiento del *sakura*, la luz dorada del atardecer, una nevada que no cuajará, un sendero de hojas secas en otoño...

Estos momentos sublimes merecen toda nuestra atención, ya que nos cargan las pilas del alma.

Antes de que Motoori Norinaga acuñara la expresión *mono no aware*, los japoneses ya utilizaban una expresión para manifestar algo parecido. Exhalaban un «ahhhhh...» con una especie de suspiro.

La historia del arte y de la literatura está llena de estos momentos en los que amamos con especial intensidad aquello que estamos a punto de perder, uno de los sentimientos más delicados y poéticos de la condición humana.

Un ejemplo moderno de novelista que captura el espíritu del *mono no aware* es el premio Nobel Kazuo Ishiguro. Especialmente en sus novelas *Los restos del día* y *Nunca me abandones*, donde los personajes se ven enfrentados al paso inevitable del tiempo.

Otro ejemplo es el épico final de la película *Blade Runner:*

Yo he visto cosas que vosotros no creeríais. Atacar naves en llamas más allá de Orión. He visto Rayos-C brillar en la oscuridad cerca de la puerta de Tannhäuser. Todos esos momentos se perderán en el tiempo... como lágrimas en la lluvia. Es hora de morir.

La adaptación hedónica

Esta visión del carácter efímero de la vida estaba también presente en el mundo clásico de Occidente, aunque con un punto de partida distinto.

Los estoicos practicaban, ya en la Grecia del siglo III a. C., la visualización negativa, que consistía en meditar sobre la pérdida de las cosas amadas. ¿Qué pasaría si nos arrebataran nuestro trabajo, a nuestros seres queridos, nuestra casa?

El objetivo de esta pregunta no era provocar tristeza, sino apreciar lo que se tiene como algo precioso.

Los romanos, que adoptaron la misma filosofía, llamaban a este ejercicio *premeditatio malorum* —«premeditación de los males»— y lo utilizaban como herramienta para dar valor a lo que se tiene, porque al acostumbrarnos a algo muchas veces perdemos el interés.

De forma intuitiva, los estoicos entendían los peligros de lo que la psicología moderna llama «adaptación hedónica». Es el mecanismo que hace que, una vez saciado un deseo, volvamos a sentirnos insatisfechos, porque automáticamente querremos lo que está un paso más allá.

Por ejemplo, si estamos acostumbrados a comer en restaurantes de 10 euros, ir a uno de 30 euros nos parecerá un lujo. Pero si, con el paso de los años, ganamos poder adquisitivo y nos acostumbramos a los restaurantes de 30 euros, tal vez empecemos a quejarnos de la comida o del servicio. Para sentir satisfacción, necesitaremos ir a restaurantes de 50 o 100 euros.

Aunque no afecta a las personas de mentalidad austera, la adaptación hedónica es la base de la sociedad de consumo. Una vez conseguimos algo que deseamos, tras un breve periodo de felicidad, se vuelve al punto de felicidad «base».

Esto es muy patente en las personas que cambian a menudo de pareja. Pasada la novedad, una vez se han adaptado a su compañero o compañera, necesitan volver a la sentir la adrenalina que les produce alguien distinto.

Este síndrome ya fue observado por Buda, que encontraba en el deseo la fuente de la infelicidad. A no ser que comprendamos este mecanismo que hemos descrito, siempre estaremos insatisfechos y no podremos gozar de la felicidad del momento, del *Ichigo-ichie.*

Para ello, la clave es dejar de proyectarnos hacia nuevos deseos y empezar a percibir la magia de lo que nos rodea. La felicidad radica en no desear nada externo a nosotros, y apreciar lo que la vida nos ofrece durante un tiempo limitado.

MEMENTO MORI

Esta expresión latina significa: «Recuerda que vas a morir», como la frase que se transmitían los monjes cristianos que hemos mencionado. Su finalidad es tener siempre presente que estamos aquí de paso y que de nosotros depende disfrutar o no del viaje.

Se dice que, en la Antigua Roma, cuando un general desfilaba victorioso, para que no se le subiera la gloria a la cabeza, alguien iba tras él repitiéndole de vez en cuando «*Memento mori*».

Este mismo recordatorio en latín lo encontramos, en el Barroco y el Renacimiento, en calaveras, estatuas, pinturas y otras obras de arte que apelan al carácter efímero de la existencia y, por lo tanto, al famoso *carpe diem:* aprovecha este día y no confíes en el mañana.

La cara amable del *carpe diem*

Popularmente, se asocia el *carpe diem* a los excesos, a tirar la casa por la ventana, pero esta llamada al momento apunta también a las cosas más bellas y esenciales de la vida.

Algún filósofo dijo que los humanos somos mortales que actuamos como si fuéramos a existir para siempre y eso, más que hacernos vivir como dioses, abre paso a *los enemigos del presente:*

- Dar prioridad a lo urgente (para los demás) por encima de lo importante (para nosotros).
- Aplazar una y otra vez nuestros mejores planes, como si el tiempo fuera ilimitado.
- Pensar que ahora no se dan las condiciones para hacer lo que nos gustaría, pero en el futuro sí.
- Boicotear el presente con resentimiento, tristeza o preocupaciones que nos impiden disfrutarlo.

Contra esta plaga, el *carpe diem,* como el budismo, nos recuerda la impermanencia de las cosas. Nada de lo que amamos es para siempre. Por lo tanto, cada vez puede ser la última oportunidad.

En ese sentido, el *Ichigo-ichie* viene a ser la cara amable del *carpe diem,* porque en lugar de hacer hincapié en que un día moriremos, nos recuerda que *hoy podemos vivir.* Y eso, como veremos en la tercera parte del libro, merece una fiesta.

Como decía la actriz y guionista Mae West: «*Solo se vive una vez, pero si lo haces bien, una vez es suficiente*».

El destino depende de un instante

A finales del siglo XX se estrenó una película alemana de culto, *Corre, Lola, corre*, que tenía como tesis la importancia del momento.

La protagonista, interpretada por Franka Potente, dispone de veinte minutos para conseguir 100.000 marcos para salvar la vida de su novio, que ha olvidado esa cantidad perteneciente a un mafioso en un tren. A partir de aquí, vemos el desarrollo de los hechos en tres posibilidades marcadas por una pequeña diferencia:

En la primera, un perro gruñe a Lola en las escaleras cuando está bajando. Eso la hace ir más rápido, lo que provoca un accidente de tráfico a un hombre que resulta ser compañero de trabajo de su padre, a quien espera pedir el préstamo en el banco donde trabaja.

Acto seguido vemos la segunda carrera, en la que el dueño del perro hace tropezar a Lola, que cae escaleras abajo. A consecuencia de eso, el dolor hace que corra más lento, lo que cambia totalmente los acontecimientos en su camino hacia el banco.

En la tercera carrera, Lola salta sobre el perro y llega a la calle en una fracción de segundo diferente, lo que le procurará un resultado distinto a los dos anteriores.

Más allá de este juego de posibilidades, el mensaje de la película es que no solo cada momento es único, sino que este despliega un torrente de consecuencias totalmente distinto por lo que se conoce como «efecto mariposa», que forma parte de la teoría del caos y se ha definido como la «dependencia exponencial de las condiciones iniciales».

El efecto mariposa

Como en la película que hemos mencionado, este fenómeno se asocia al dicho popular: *«El aleteo de una mariposa en Hong Kong puede desatar una tempestad en Nueva York».* Dicho de otro modo: cualquier cambio, por pequeño que sea, acaba creando situaciones totalmente diferentes debido a un proceso de amplificación.

Dado que lo que nos sucede afecta a otras personas que a su vez afecta a otras, la perturbación inicial lo acaba cambiando todo. Este efecto y la imagen de la mariposa fueron propuestos por el meteorólogo y matemático Edward Norton Lorenz, que postuló que si tuviéramos dos mundos iguales, con la única diferencia de que en uno de ellos hubiera una mariposa aleteando, este mundo acabaría siendo totalmente distinto al mundo sin mariposa.

En el de la mariposa, la concatenación —al principio ínfima— de causas y efectos puede acabar provocando un tornado a gran distancia.

Lorenz descubrió este efecto en 1960, mientras trabajaba con un rudimentario sistema de ordenadores para predecir el tiempo. La impresora que iba recogiendo las mediciones, para ahorrar espacio, hacía un leve redondeo al recoger solo tres decimales (en uno de los registros fue 0,506 en vez de 0,506127).

Al introducir este cálculo de tres decimales en el ordenador, la predicción que hizo del tiempo a dos meses vista no tenía nada que ver con la que se había obtenido con los seis decimales.

Esto hizo descubrir a Lorenz que cualquier desviación, por pequeña que parezca, acaba siendo crucial por lo que luego se bautizó como «efecto mariposa».

Más allá de la predicción del tiempo o de situaciones extremas como la de Lola y su novio, veamos algunos ejemplos para entender cómo actúa el efecto mariposa en nuestra vida cotidiana:

- Así como un salto en la nieve puede acabar generando un alud, una colilla encendida de cigarrillo puede provocar un incendio que arrase todo un territorio, cambiando la vida de sus habitantes.
- Si tu padre o tu madre no hubiera pronunciado la frase oportuna en el momento idóneo, probablemente el

romance no se habría producido y tú no habrías nacido para leer esto.

- Ante la oferta de una beca o un puesto de trabajo, pasar a la acción en lugar de pensar «no me lo van a dar» puede llevarte a una vida radicalmente distinta.

- La decisión de llevar o no a cabo una idea que se nos pasa por la mente como una mera posibilidad puede marcar la diferencia entre levantar una gran empresa o que no suceda nada.

La conclusión a la que nos lleva el efecto mariposa es que, aunque nunca sabemos las consecuencias finales de nuestros actos y decisiones, cada momento tiene un valor vital. Eso nos devuelve a un *Ichigo-ichie* con repercusión en el futuro: lo que hagas ahora tendrá un resultado único y totalmente distinto a lo que puedas hacer en otro momento.

Amor fati

Esta expresión latina, que se traduce como «amor al destino», describe la manera de sentir de las personas que consideran que todo lo que les sucede es para su bien, aunque al principio no lo parezca.

Steve Jobs decía que hay que «unir los puntos» para entender, más tarde, el verdadero sentido de muchos acontecimientos de la vida, y en ese «todo es para bien» hay implícita una confianza en el destino, donde también interviene el azar, como veremos más adelante.

Sin embargo, eso no implica que debamos entregarnos a la ley de la atracción y esperar a que las cosas sucedan. Aquello que nos trae el azar hay que moldearlo con una buena actitud y las decisiones oportunas, según las cartas que nos reparte el destino, como diría Schopenhauer.

Un filósofo de su misma generación, Friedrich Nietzsche, decía lo siguiente sobre el *amor fati* para apreciar el carácter único de cada momento: aprender a ver la belleza de las cosas nos permite también hacer que se vuelvan bellas.

El *amor fati* implica aceptar que todo lo que nos sucede, incluso lo más desagradable, tiene un propósito. Sin embargo, de nosotros depende darle un sentido positivo con nuestra actitud y las decisiones que tomemos con lo que nos depare el destino momento a momento.

FORREST GUMP *ICHIGO-ICHIE*

Cuando la película *Forrest Gump* fue estrenada en Japón en el año 1995, curiosamente el subtítulo fue *Ichigo-ichie* y también le añadieron «Tom Hanks» delante de *Forrest Gump*. El título completo de la película en Japón fue, por lo tanto, *Tom Hanks es Forrest Gump, Ichigo-ichie.*

Con ello, se quería enfatizar que se trata de una historia en la que el protagonista vaga por el mundo teniendo encuentros fortuitos con otros, traídos por el azar, pero que no deja que sean simples encuentros. Con el *amor fati* como visión, pone todo su corazón en estar plenamente presente en cada uno de esos momentos —*Ichigo-ichie*— aunque aparentemente sean irrelevantes. De ahí que el personaje de Forrest Gump nos resulte tan entrañable.

La acción misteriosa del azar

En 1971, el escritor George Cockroft sorprendió al mundo con la novela *El hombre de los dados,* considerada por la BBC uno de los cincuenta libros más influyentes de los últimos cincuenta años.

Cuenta la historia del psiquiatra Luke Rhinehart, quien en su primera edición firmaba el libro como una autobiografía. De este modo describe su aburrimiento vital: *«La vida se compone de pequeñas islas de éxtasis en un océano de tedio, y después de los treinta años rara vez se avista tierra».*

Cansado de ayudar a sus pacientes a que tomen decisiones, muchas de las cuales acaban siendo equivocadas, se plantea una pregunta provocadora:

¿Y si dejáramos las decisiones cruciales en manos del azar?

Dispuesto a experimentar con esa idea, entrega su voluntad a un par de dados que, a partir de una lista de opciones —algunas disparatadas— que escribe él mismo sobre cada situación importante, dictarán lo que hay que hacer.

Esto afecta tanto al tratamiento de sus pacientes como a la propia vida de Rhinehart, que se convierte en «el hombre aleatorio» que acaba creando la «religión de las seis caras» en la que el dado es su pastor. La idea de fondo de esta novela provocadora, y políticamente incorrecta, es que cuando entregas tu existencia al azar, el mismo azar te protege llevándote a los lugares y situaciones que necesitas vivir.

Interpretada posteriormente como una historia humorística, el *amor fati* radical del hombre de los dados denuncia el miedo del ser humano a perder el control. Creemos que podemos determinarlo todo, con la responsabilidad que ello implica, pero lo cierto es que en la vida interviene el azar, y, a veces, un desvío inesperado nos lleva sin saberlo a nuestra verdadera meta.

Un ejercicio de aleatoriedad

Sin llegar a las barbaridades que comete el doctor Rhinehart en la novela, un poco de aleatoriedad en nuestra vida, de vez en cuando, puede darnos la aventura necesaria para que nuestros momentos de ocio dejen de ser previsibles y se conviertan en algo único y memorable.

Si no pones un poco de aleatoriedad en tu vida, vivirás siempre lo mismo.

Para sacudirnos de encima la inercia, podemos practicar la aleatoriedad una vez al mes, por ejemplo, escribiendo seis opciones —simplificaremos con un solo dado— y siguiendo lo que dicte el azar. Veamos un par de ejemplos:

1. En una librería, a partir de una selección previa de seis obras que no conozcamos, pero que nos llamen la atención por algún motivo, nos llevaremos el libro que haya decidido el dado. Según el hombre aleatorio, allí habrá algo que necesitábamos leer, una pista para nuestra vida.

2. Para elegir un restaurante seguiremos el mismo método entre seis lugares donde no hayamos estado nunca. Si queremos subir un peldaño más en la aleatoriedad, una vez allí podemos usar el dado en cada sección del menú, descartando previamente aquello que no comeríamos nunca. De este modo, viviremos una cena puramente aleatoria.

Podemos seguir este mismo método con una película de la cartelera, un destino de viaje de fin de semana, o cualquier otra actividad de tiempo libre. Una vez al mes, entregar el mando al azar en decisiones que no pueden ser perjudiciales es una manera distinta de vivir el *Ichigo-ichie*.

Coincidencias significativas

En 1992, Paul Auster publicó *El cuaderno rojo*, donde narraba trece historias verídicas que le habían sucedido donde el azar, en forma de coincidencia o sincronicidad, desempeñaba un papel fundamental.

En una de ellas, el escritor de Brooklyn cuenta que, tres años antes, había encontrado en su buzón una carta dirigida a un tal Robert M. Morgan con domicilio en Seattle. Correos la había devuelto a su remitente..., que constaba con su nombre y dirección detrás del sobre.

Convencido de que él no había escrito jamás a alguien llamado así, el escritor abrió el sobre, que contenía una carta mecanografiada en la que el supuesto Paul Auster llenaba de elogios a Morgan por un pequeño ensayo que había escrito para el público universitario sobre su propia obra.

En *El cuaderno rojo*, el verdadero Paul Auster comentaba al respecto: «*Estaba escrita en un estilo rimbom-*

bante y pretencioso, plagado de citas de filósofos franceses y rebosante de vanidad y autosatisfacción (...) Era una carta despreciable, la clase de carta que jamás se me habría ocurrido escribirle a nadie, y, sin embargo, estaba firmada con mi nombre».

Lo que al principio pensó que era una coincidencia, enseguida adquirió una dimensión más misteriosa si cabe. Alguien que se hacía pasar por él había contestado en su nombre a un ensayista de Seattle —probablemente la misma persona— y, tras llegar a un domicilio equivocado, ahora le venía devuelta.

¿Cómo podía saber la dirección de Auster el autor de aquella farsa? ¿Qué pretendía al hacerle saber que había suplantado su identidad?

Ese es un misterio que el autor de *Trilogía de Nueva York* nunca llegó a resolver, pero en su libro sobre las coincidencias reconocía que nunca se ha atrevido a tirar esa carta, que sigue dándole escalofríos cada vez que la mira. Aun así, el novelista aseguraba tenerla en su mesa de trabajo como un objeto más, hecho que explica así: «*Quizá sea el medio de recordarme que no sé nada, que el mundo en el que vivo no dejará nunca de escapárseme*».

Aunque la anécdota de Paul Auster va más allá de una casualidad, ya que hay una intención oculta, las coincidencias significativas están muy presentes en la vida de la mayoría de personas. Lo que ocurre es que muchas veces no les prestamos atención.

Sincronicidad: el mensaje del momento

Carl Gustav Jung acuñó, entre muchos otros conceptos, el término *sincronicidad* para referirse a la coincidencia de dos o más sucesos que no tienen una relación causa-efecto, pero que guardan una relación evidente.

Como si el azar jugara a veces con nosotros para atraer nuestra atención sobre cosas que normalmente nos pasarían por alto, algunos ejemplos cotidianos de sincronicidades serían:

- Cuando nos viene una melodía a la cabeza y, de repente, la persona sentada delante de nosotros empieza a tararearla.
- Cuando pensamos en alguien a quien hace tiempo que no recordábamos y justo en ese momento nos llama por teléfono.

Es imposible no relacionar ambos hechos que el azar ha reunido caprichosamente, como si quisiera atraer nuestra atención.

Según Jung, las sincronicidades pueden tener justamente la misión de mostrarnos la importancia de una persona o detalle que normalmente nos pasaría por alto, y cita un ejemplo de su propia consulta:

«Una joven paciente soñó, en un momento decisivo de su tratamiento, que le regalaban un escarabajo de oro. Mientras ella me contaba el sueño yo estaba sentado de espaldas a la ventana cerrada. De repente, oí detrás de mí un ruido como si algo golpeara suavemente el cristal. Me di media vuelta y vi fuera un insecto volador que chocaba contra la ventana. Abrí la ventana y lo cacé al vuelo. Era la analogía más próxima a un escarabajo de oro que pueda darse en nuestras latitudes, a saber, un escarabeido (crisomélido), la Cetonia aurata, *la "cetonia común", que al parecer, en contra de sus costumbres habituales, se vio en la necesidad de entrar en una habitación oscura precisamente en ese momento».*

El mensaje que le dio a Jung esta sincronicidad era que aquel sueño era importante para la curación de la paciente, y, por lo tanto, debía de contener claves que merecían ser descifradas.

Un instrumento de magia consciente

Hay personas que viven muchas casualidades significativas, mientras que otras parecen ser inmunes a esta clase de coincidencias. ¿A qué es debido?

Básicamente, depende de la atención. Al descubrir una sincronicidad, nos volvemos más sensibles y observadores de esta clase de detalles, con lo que empezamos a detectar muchas más.

Estos mensajes sutiles que nos manda el azar son un instrumento de magia consciente que podemos potenciar de varias formas:

- *Prestar más atención a lo que sucede a nuestro alrededor:* encuentros, conversaciones, lecturas, películas... La sincronicidad se esconde a menudo en los detalles más cotidianos, por lo que requiere una actitud de curiosidad y observación.

- *Escribir un diario.* Anotar experiencias del día a día nos hace más conscientes de los matices de la realidad, y nos entrena para descubrir los mensajes sutiles del azar. Si registramos alguna sincronicidad, podemos interpretarla como si fuera un sueño, en opinión del psiquiatra Stanislav Grof.

- *Charlar con personas creativas.* Jung afirmaba que las sincronicidades aparecen con más frecuencia en la vida de aquellos que están pasando por un momento de crecimiento o gran creatividad. Frecuentar a este tipo de personas nos ayudará a afinar nuestra antena, ya que pueden señalarnos cosas que a nosotros nos han pasado inadvertidas.

- Practicar la *meditación* puede ayudar a cazarlas con más facilidad, ya que nos ancla en el ahora, donde aparecen las casualidades, y aumenta el ancho de banda de nuestra percepción.

Jung señalaba que los momentos de crisis y transformación son muy fértiles en sincronicidades, ya que estamos mucho más atentos a las señales que manda el destino. En ese sentido, cuando vivimos muchos de estos momentos especiales, es como si la vida nos fuera dando pistas de que nos hallamos en el camino correcto.

PARTE II

VIVIR EL
ICHIGO-ICHIE

La ceremonia de la atención

El significado de la ceremonia japonesa del té, a menudo llamada *chanoyu* —literalmente: «el camino del té»— va mucho más allá de un ritual sofisticado para tomar una infusión revitalizante.

Es una ceremonia que cultiva los cinco sentidos, que desarrollaremos en los próximos cinco capítulos de esta parte del libro, del siguiente modo:

- *Gusto.* El té que se sirve es de máxima calidad para no defraudar el paladar de los que se sientan a la mesa. Suele tomarse una sola taza de infusión de gran pureza, y su sabor pervive en la memoria de los participantes hasta mucho después.
- *Olfato.* El aroma de la infusión, intensa y fragante, es también importante, así como el de los dulces que acompañan la ceremonia del té. Si se realiza en una casita de té tradicional, a estos olores se suma el de la madera, la tierra húmeda del jardín, los árboles...
- *Vista.* Los utensilios del té son de especial belleza, dentro de su sencillez, porque parte de la ceremonia tradicional consiste en admirarlos y elogiarlos ante los demás. También los movimientos suaves del maestro

o maestra de té son un regalo para los ojos, puesto que realiza una precisa coreografía a lo largo del ritual.

- *Tacto.* El cuenco caliente en las manos, antes de llevárnoslo a los labios, activa este cuarto sentido y simboliza la toma de contacto que promueve el *chanoyu* con la serenidad del hogar.
- *Oído.* Además del rumor de la brisa sobre las hojas de los árboles, si estamos rodeados de verde, en la ceremonia del té moderna también se habla —con una etiqueta que veremos más adelante— y se escucha con plena atención. Dedicaremos el próximo capítulo a este importante arte.

El *chanoyu*, por lo tanto, es una llamada a la atención en los cinco sentidos y un anclaje al presente. Por eso mismo, esta ceremonia es un arte que va mucho más allá de tomarse el té.

Puestos a detener el tiempo, durante unas cuantas páginas viajaremos al pasado para entender cómo se configuró este delicado arte.

Raku y *kintsugi*

En el siglo XVI, el maestro Sen no Rikyu no solo revolucionó el diseño de la sala para la ceremonia del té, reduciéndola a tan solo dos tatamis. También era un gran conocedor de los diferentes utensilios para el ritual, que en aquella época casi siempre se importaban de China.

Gracias a esa sabiduría, Rikyu decidió crear su propio estilo de cuenco, llamado *raku*, para tomar el té. Secundado por su amigo Chojiro, crearon un nuevo tipo de boles, mucho más sencillos que los de China, donde la belleza residía en la simplicidad.

Tanto la sala del té de Sen no Rikyu como la creación del estilo *raku* sentaron las bases de lo que hoy en día consideramos como estética japonesa.

En aquella misma era se originó otro concepto clave de esta estética, con un profundo significado para el alma humana: el *kintsugi*. También conocido como *kintsukuroi*, es el arte japonés de reparar cerámica usando laca mezclada con oro en polvo.

> *Kintsugi,* en japonés, se escribe 金継ぎ
> — Kin 金 : oro
> — Tsugi 継ぎ: remendar o juntar dos piezas

El arte de recomponer piezas de cerámica rotas era ya conocido en China, como puede verse en la bucólica película de Zhang Yimou *El camino a casa,* que cuenta el romance entre una sencilla chica de pueblo y el maestro de la escuela, un joven culto llegado desde la ciudad.

Sin otro recurso para demostrarle su amor que la cocina, la muchacha prepara siempre la comida para el maestro en un bol que termina rompiéndose en el camino. Muy triste por la pérdida de este recipiente de gran valor emocional, la solución llega de la mano de un artesano ambulante, que practica una técnica ancestral ya casi desaparecida. Haciendo precisas perforaciones en la cerámica y con la ayuda de grapas consigue recomponer aquel bol que simboliza el amor.

La cultura japonesa siempre se ha distinguido por reelaborar —a veces con más sofisticación— las tradiciones chinas, y este caso no es una excepción.

Cuenta la leyenda que, hace algo más de cinco siglos, el sogún Ashikaga Yoshimasa envió a China dos cuencos de té muy valiosos para él que se habían roto. Las piezas regresaron ensambladas con grapas, como hacía el artesano de la película, y al principio su aspecto tosco le disgustó.

Con el tiempo, Yoshimasa se dio cuenta de que aquel bol reparado en China tenía una personalidad diferente a la del resto de su colección. Poseía alma, aunque seguía sin gustarle la estética, así que pidió a artesanos japoneses que rellenaran las grietas y roturas con el material más noble posible.

Así es como nació el *kintsugi*, que muestra líneas doradas entre las roturas, dando a la pieza una nueva estética.

Se cuenta que Yoshimasa se enamoró tanto de aquella estética que llegó a pedir a sus artistas que rompieran adrede otras piezas, algunas de ellas muy valiosas, para repararlas con aquel mismo estilo.

Filosofía del *kintsugi*

Esta tradición es un ejemplo radical de *wabi-sabi,* que nos dice que lo imperfecto es bello. El *kintsugi* también se puede ver como una metáfora de nuestra vida, en la que vamos acumulando heridas y pérdidas.

Dejar nuestras heridas emocionales abiertas para siempre, como una taza rota que no se recompone, es un sufrimiento necesario. Sin embargo, podemos recomponernos otorgando el valor de lo que hemos aprendido en cada infortunio y fracaso. Así, las cicatrices mostrarán nuestra historia como si fuera la laca dorada del *kintsugi.*

Al igual que una delicada pieza de porcelana, el corazón humano puede recibir daños, pero ocultarlos con vergüenza no es la solución. Forman parte de nuestra historia y nos han llevado hasta donde estamos. Solo por eso merecen el brillo del oro, el cual refleja una luz que, en este caso, es nuestra propia luz.

EL TESORO DE PHIL LIBIN

Phil Libin es el cofundador de las *start-ups* tecnológicas Evernote y All-Turtles. No solo es un gran innovador del Silicon Valley, sino también un *connoisseur* de Japón y suele estar mucho en Tokio, donde es un rostro muy habitual en las conferencias de tecnología.

Phil también es un gran fan de *Star Wars* y, desde que fundó Evernote, durante más de seis años utilizó en la oficina su taza de *El Imperio Contraataca*.

Pero un día se le cayó la taza al suelo y se rompió en más de diez pedazos. *«Barrí las piezas en una bolsa de plástico, pero estaba demasiado triste como para tirarla a la basura»*, confiesa Phil Libin.

Cuando se enteró de que su taza podía revivir a través del *kintsugi,* llevó todas las piezas a un artista llamado Shunsuke Inoue que vive en Fukushima. Después de su trabajo, la taza revivió.

La taza que había usado durante tantos años volvió a acompañar a Phil Libin en sus nuevas aventuras, pero con un aspecto nuevo, como vemos en la foto, en la que las líneas doradas contrastan con el negro de Darth Vader.

Su propietario asegura que le gusta incluso más que la taza original. En sus propias palabras: *«No solo está reparada. Con las nuevas grietas de laca dorada, siento que se ha elevado»*.

En la más pura visión *wabi-sabi,* el *kintsugi* no intenta ocultar los defectos, sino todo lo contrario: los ilumina dando una nueva personalidad al objeto.

Tener problemas es sinónimo de estar vivo y, más que las épocas de paz, son las dificultades y nuestra forma de afrontarlas lo que nos va moldeando en el transcurso de nuestra vida.

Las vasijas agrietadas

Hay un cuento hindú muy bello sobre la belleza y utilidad de las fisuras, ya que gracias a ellas, junto con nuestra historia, dejamos pasar lo más fresco y creativo de nuestro ser.

Su protagonista es un portador de agua de la India que tenía dos grandes vasijas que colgaba a cada extremo de un palo y que cargaba sobre sus hombros. Una de las vasijas mostraba varias grietas mientras que la otra era perfecta, lo que le permitía retener toda el agua a lo largo del camino a pie desde el arroyo hasta la casa de su amo. En cambio, cuando la vasija rota llegaba a su destino solo contenía la mitad del agua.

Durante varios años cada vasija hizo su camino con este desigual resultado. La que se sabía perfecta estaba muy orgullosa de sus logros, sirviendo de forma impecable al fin para el que había sido creada. En comparación con ella, la vasija agrietada se sentía muy avergonzada a causa de sus grietas, ya que solo podía cumplir con la mitad de lo que era su obligación.

Era tal su tristeza que en una ocasión la tinaja quebrada decidió hablarle al aguador:

—Necesito disculparme contigo porque, para vergüenza mía, por culpa de mis grietas solo puedes dar la mitad de mi carga, obteniendo la mitad del dinero que de otro modo recibirías.

Lleno de compasión, el aguador le respondió:

—Cuando volvamos a casa, te pido que te fijes en las bellísimas flores que han crecido a lo largo del sendero.

En efecto, la tinaja reparó en que había muchísimas flores y muy bellas a lo largo de todo el sendero. Aun así, se sentía triste porque al final solo llegaba la mitad del agua a su destino.

—¿Te has dado cuenta de que las flores solo crecen en tu lado del camino? —le hizo notar el aguador—. Siempre he sabido que tenías grietas y encontré el lado positivo a eso: sembré semillas de flores por todo nuestro camino y, sin darte cuenta, todos los días las has regado. Gracias a eso, ahora tengo todas estas flores. Si no fueras como eres, con todas tus grietas, seguiría haciendo mi camino en el desierto.

El *wabi-cha*

Volviendo a Sen no Rikyu, con quien empezábamos este capítulo, vamos a contar la historia del originador de la palabra *Wabi* y de la ceremonia de té *wabi-cha,* juntamente con Takeno Jōō y Murata Jukō.

Recordemos también que uno de los discípulos de Sen no Rikyu fue el primero en dejar constancia de la palabra *Ichigo-ichie* en sus notas personales, como contábamos en la introducción.

Conocer la esencia del *wabi-cha* nos ayudará a entender mejor por qué la palabra se originó a través la práctica de esta disciplina.

Dentro de los diferentes estilos de ceremonia del té, la característica diferenciadora del *wabi-cha* es su énfasis en la simplicidad.

Durante el periodo Muramachi (desde el año 1336 hasta el 1573), la ceremonia del té se extendió por Japón con utensilios importados de China con diseños recargados. El *wabi-cha* surgió como reacción contra aquella artificiosidad, utilizando utensilios fabricados artesanalmente en Japón con diseños mucho más simples.

Además de los utensilios minimalistas, el *wabi-cha* también era extremo a la hora de simplificar el lugar donde se practicaba la ceremonia.

Las salas diseñadas por Sen no Rikyu tenían el tamaño justo para alojar a dos personas. Una de las salas del té originalmente diseñadas por este gran maestro todavía se conserva hoy en día. Designada como tesoro nacional, se llama Taian y se puede visitar justo al lado de la estación de Yamazaki, al sur de Kioto. La estructura de la sala Taian es la que se ha utilizado desde entonces como estándar para otras salas donde se practica el *wabi-cha:*

- Consta solo de dos tatamis, con un pequeño lugar en la esquina para poner el agua del té a calentar. Hay que pensar que hasta entonces lo más pequeño que existía eran salas de cuatro tatamis y medio.

- Hay asimismo un *tokonoma*, un hueco al final de la sala donde cuelga un pergamino con un mensaje poético que puede ser el lema *Ichigo-ichie.* De hecho, lo encontramos en todo tipo de salas de té.

- Un rincón del reducido espacio está reservado para la tetera, que está caliente bajo la arena o —modernamente— bajo un fogón.

Ilustración de sala del té diseñada siguiendo el estándar de Sen no Rikyu. Apenas hay espacio, con un tatami para cada uno: el invitado y el del maestro de la ceremonia.

El espacio minimalista del *wabi-cha* crea un universo único para nuestros sentidos donde es difícil escapar al pasado o al futuro. Nos «fuerza» a centrarnos en el presente, ya que lo único que hay en la sala es otra persona, dos tatamis, el té y un pergamino con un mensaje.

Sen no Rikyu la diseñó así para que la práctica del *wabi-cha* fuera lo más directa y honesta posible, sin que hubiera forma de distraerse. Este mítico maestro de té creía asimismo que el *wabi-cha* era una forma de conocerse a uno mismo de la forma más honesta posible.

LA ECONOMÍA DEL COLOR

En Japón, cuando un color tiene protagonismo, se procura que no haya otras interferencias cromáticas. Por ejemplo, dado que el verde y los ocres son dominantes en los bosques, los templos budistas se camuflan como camaleones, usando también la madera y otros tonos naturales para no destacar sobre el bosque, sino formar parte de el. Excepcionalmente, dentro del edificio principal de un templo budista se permite usar más tonos, por ejemplo, los dorados, para dar la sensación de que has entrado en un universo o espacio diferente. La economía del color está presente en las salas con tatamis donde se practica la ceremonia del té. Las paredes tienen tonos similares a los de los tatamis. La intención es que no se pierda toda la atención de los presentes en una amalgama de colores.

Cuando sale el té, el verde destaca sobre todo lo demás.

Crea tu propia ceremonia del té

Por nuestra vinculación con Japón, los autores de este libro hemos tenido la ocasión de disfrutar del *chanoyu* en muchas casas de té. Tras nuestra aventura en Kioto con la que empezábamos el libro, en la capital japonesa nos despedimos en una moderna tetería de la cadena Ippodo donde reinaba el silencio y la armonía.

Una camarera nos trajo con delicadeza una bandeja con el té que habíamos elegido cada uno, a la vista —y al alcance del olfato— en un pequeño cuenco para infusionarlo nosotros mismos, junto con la tetera, el cuenco y un dulce.

Sin maestro de té que oficiara el ritual, nos encargamos de que aquel *chanoyu* fuera memorable, y antes de separarnos en la puerta del Narita Express —el tren rápido que une la capital con el aeropuerto internacional— nos dimos un abrazo y nos despedimos diciendo: *Ichigo-ichie*.

Los tiempos han cambiado y nada obliga a realizar una ceremonia del té estricta como la de Sen no Rikyu, aunque si visitas Japón por primera vez, es una bella experiencia para hacerla una vez en la vida.

En nuestro día a día, sin embargo, el *chanoyu* puede realizarse en cualquier lugar: en una tetería pública, con los participantes alrededor de una mesa, o incluso en el salón de casa en compañía de amigos. Lo importante es que cuando se sirva el té permitamos que el tiempo se detenga, apartando las preocupaciones, críticas y quejas cotidianas.

Es necesario que las personas que participen de la ceremonia lo hagan con el corazón lleno de *Ichigo-ichie;* es decir, deben apreciar que el tiempo que van a pasar tomando el té con el resto de los comensales es algo extraordinario que no volverá a suceder nunca más.

Algunas reglas de etiqueta para nuestra versión libre del *chanoyu:*

- El lugar del encuentro debe invitar a la calma, por lo que se desaconseja reunirse en bares o restaurantes con música fuerte o estridente, así como los espacios no aislados del ruido del tráfico. .

- Iniciaremos el encuentro con el saludo *Ichigo-ichie,* para recordarnos que vamos a vivir juntos un momento irrepetible.

- Mientras se desarrolla la ceremonia, daremos espacio para el silencio, sin obcecarnos en «llenar el vacío» con cualquier conversación.

- Al charlar, evitaremos todo tema que pueda ser polémico, desagradable o estresante. Cualquier asunto que cree separación está excluido de la mesa.

- Promoveremos, en cambio, los temas de conversación que hagan sentir bien a los participantes: los comentarios sobre lo singular del lugar, la calidad del té y la belleza de la tetera; nuestros descubrimientos artísticos o culturales; recomendaciones de viajes, restaurantes, parques... En suma, hablaremos de todo aquello que nos produce placer.

- La escucha es un factor esencial para que todo el mundo se sienta parte de la ceremonia; por lo tanto, evitaremos interrumpir o desconectar de lo que está diciendo nuestro interlocutor pensando en nuestras cosas o preparando la respuesta que vamos a dar.

- Al concluir el *chanoyu,* nos despediremos diciendo *Ichigo-ichie,* para recordar que hemos vivido algo único, que no volverá a suceder de la misma manera y, por lo tanto, merece ser recordado en nuestro corazón.

UN TÉ CONTIGO MISMO

Aunque la ceremonia del *chanoyu* fue concebida para al menos dos personas —tradicionalmente, el maestro de té y el invitado—, es una idea magnífica tomarte de forma regular «un té contigo mismo», como proponía el médico uruguayo Walter Dresel.

Vivimos tan atados a compromisos y obligaciones externas, que una cita con uno mismo un día por semana puede ser un auténtico bálsamo para el alma.

Puedes establecerla un día y hora fijos cada semana, que reservarás de forma rigurosa en tu agenda, en un café o tetería que te resulte inspirador. Después de pedir tu té, puedes regalarte ese tiempo a ti mismo para pensar, tomar notas en un cuaderno o, simplemente, respirar con calma y percibir el mundo con tus cinco sentidos.

El arte de escuchar

Resulta difícil encontrar a alguien que escuche verdaderamente, porque entre las palabras del interlocutor y nuestros oídos hay toda clase de filtros y obstáculos:

- Nuestra opinión sobre la persona que habla.
- Todos los prejuicios e ideas preconcebidas sobre lo que se está hablando.
- La preparación de lo que vamos a decir cuando el otro acabe de hablar.

Todo esto hace que la escucha sea muy superficial, cuando no interrumpimos directamente a la persona.

Para vivir momentos *Ichigo-ichie* junto a los demás, es esencial que practiquemos el arte de escuchar, un don que nos procura la naturaleza desde incluso los meses previos a nuestro nacimiento.

Escuchar antes de nacer

Los recién nacidos no solo tienen este sentido desarrollado. De hecho, ya desde la mitad del embarazo, el feto puede seguir los latidos de su madre y otros sonidos que se producen dentro de su cuerpo. Desde dentro del útero percibe los ruidos de la digestión y todo lo que sucede dentro de su primera casa.

A partir del sexto mes, puede escuchar incluso lo que sucede fuera del cuerpo de la madre, por lo que no es ninguna fantasía lo que cuentan muchos padres de que el niño reacciona a sus palabras dando patadas o moviéndose, excitado, dentro del vientre.

También se ha demostrado que antes de nacer somos sensibles a la música, así como a cualquier sonido que se produzca en la casa.

Esta atención innata se sigue desarrollando tras nacer, pero a medida que la persona se va formando, las distracciones exteriores e interiores van minando su capacidad para percibir de forma limpia lo que sucede a su alrededor.

CONECTADOS O SEPARADOS

«Pasamos la mayoría del tiempo, cuando alguien habla, planificando lo que vamos a decir, evaluando al interlocutor, intentando presentarnos o tratando de controlar la situación de algún modo. La escucha pura, sin embargo, es soltar el control. No es fácil y requiere entrenamiento.

Polución sonora

En nuestra ceremonia personalizada del té, insistíamos en la importancia de que los participantes se reúnan en un lugar tranquilo, libre de hilos musicales estridentes, ya que existe una relación directa entre el ruido y nuestra capacidad de atención, que se ve muy mermada por el estrés.

Se calcula que si hay alguien hablando mientras intentamos leer o escribir, nuestra productividad baja un 66 %.

En el extremo opuesto, un experimento llevado a cabo en el metro de Londres demostró que los sonidos amables pueden reducir la criminalidad. Las autoridades de este medio de transporte decidieron poner música clásica en una estación con especial incidencia de robos y asaltos.

Para sorpresa de los promotores de la iniciativa, los robos se vieron reducidos un 33 % y los ataques al personal del metro se redujeron un 25 %, según el reportaje publicado en *The Independent*.

También es muy interesante ver cómo las poblaciones libres de polución sonora desarrollan una extraordinaria capacidad auditiva. Por este motivo, los nativos de la selva, los campesinos que trabajan sin maquinaria y las monjas o monjes son la población que mejor escucha.

Entre los primeros, varios estudios realizados por antropólogos arrojaron que los miembros de la tribu Maban de África son capaces de detectar un murmullo que se produzca a cien metros de distancia.

Algunas claves para escuchar mejor

Tanto si practicamos el *chanoyu*, u otra celebración, como para entendernos mejor con nuestra pareja, familiares, amigos o equipo de trabajo, estas sencillas medidas mejorarán la propia calidad de escucha y, por lo tanto, la de los demás:

- *Busca un lugar adecuado para las conversaciones importantes.* Una oficina con voces altas y teléfonos sonando no es el mejor ambiente para una comunicación profunda, como tampoco lo es un salón con la televisión o la música a tope. La primera medida para una buena escucha sería evitar en lo posible cualquier fuente de polución sonora.

- *Mira a tu interlocutor a los ojos.* Con esto estamos comunicando a la persona que nos importa y que estamos totalmente presentes. Sin embargo, la mirada tampoco ha de ser intimidadora. Debemos estar atentos al lenguaje verbal de la otra persona para asegurarnos de que se siente cómoda, por ejemplo, con la distancia a la que estamos hablando. Esta valiosa información nos permitirá realizar ajustes.

- *Apaga las interferencias mentales.* Como hemos comentado al principio de este capítulo, tenemos una tendencia natural a poner filtros entre nosotros y nuestro interlocutor. La clave está en no juzgar. Si nos limitamos a escuchar lo que nos están diciendo, con la mentalidad neutra de un meditador de *zazen,* podremos escuchar el mensaje completo y la persona se sentirá atendida. Para ello, hay que evitar que la mente divague y mantener la disciplina de estar presentes.

- *Preguntar sin interrumpir.* Es importante no cortar el discurso de quien está hablando, ya que eso genera siempre frustración. Lo que sí valorará es que hagamos preguntas que demuestren que «seguimos ahí». Estas pueden tener como finalidad profundizar en la cuestión que nos están contando, o bien expresar que no hemos perdido el hilo. Para ello, podemos intervenir diciendo cosas como: «*¿Quieres decir con esto que...?*». Esta escucha activa será un verdadero regalo para nuestro interlocutor.

- *No dar consejos que no nos han pedido.* Puede resultar difícil no aportar una solución cuando alguien nos cuenta un problema, pero a menudo lo que la otra persona quiere es ser escuchada, no que le digan lo que debe hacer. Si consideramos que tenemos algo de valor que aportar para la situación que nos cuentan, podemos preguntar: «*¿Me permites un consejo?*» o bien dar nuestra solución de manera indirecta: «*Lógicamente, solo tú sabes lo que es mejor hacer, pero si me encontrara en tu mismo caso, yo haría...*».

Si abordamos las conversaciones con esta disposición de respeto y atención, aumentaremos las posibilidades de que cada encuentro, además de estrechar lazos, acabe siendo inolvidable.

El arte de mirar

La visión es el sentido más desarrollado por el ser humano actual, aunque, lamentablemente, pasamos más tiempo mirando la vida a través de pantallas que directamente.

Por mucho que nos sirva de distracción, es imposible vivir nada memorable navegando por webs o en las redes sociales, justamente porque es información instantánea de «usar y tirar». Aquello que aparece ahora en la pantalla y que quizá compartimos con otros, será olvidado inmediatamente al cabo de veinticuatro horas, como mucho.

Para vivir experiencias *Ichigo-ichie* es necesario que recuperemos la capacidad de *volver a mirar a la vida a los ojos*.

Mirar y ver

El 90 % de la información que llega a nuestro cerebro es visual, pero eso no significa que sepamos usar este sentido tan primordial para la mayoría de personas. Muchas personas *miran sin ver*, es decir, no prestan verdadera atención a lo que tienen delante de sus ojos.

Se cuenta que Ronald Reagan, cuando tenía aún buena salud, acudió una vez a un acto universitario de entrega de premios. El presidente norteamericano era conocido por su gran inteligencia social. Allí donde iba, sabía conectar con el grupo y meterse a la gente en el bolsillo con su simpatía.

En aquel acto académico, sin embargo, no reconoció a su propio hijo —era uno de los galardonados— cuando lo tuvo a un metro escaso de su vista. Estaba tan pendiente de su papel delante de los focos que, por unos segundos, no vio a quien tenía delante de sus narices.

Eso es mirar sin ver, algo que nos ocurre muy a menudo en la vida cotidiana, y no solo cuando caminamos por la calle chocando con otros transeúntes, mientras trasteamos con el móvil.

Gimnasia para los ojos

No estamos hablando de un invidente que recupera la vista, pero a un nivel metafórico tiene el mismo sentido. Las iniciativas que proponemos a continuación buscan afinar esta preciosa herramienta para captar la belleza del mundo con nuestra mirada:

- Dado que la ciudad, además de la polución acústica, nos proporciona una sobredosis de estímulos, trata de hacer una salida semanal al campo para recuperar el poder de la vista. Como recomendábamos en nuestro libro *Shinrin-yoku*, los bosques nos proporcionan fascinantes experiencias visuales. Además de prestar atención a las distintas especies de árboles y plantas, a las aves e insectos que dan vida al campo, fenómenos como el *komorebi* —el juego de luces del sol que se filtra por las ramas; el arte abstracto de la naturaleza— nos ayudan a aguzar y enriquecer el sentido de la vista.

- Al caminar de casa al trabajo, o cuando sales a hacer recados, en lugar de hacer el zombi con el *smartphone*, presta atención a detalles de tu ciudad que normalmente te pasan por alto. Fíjate en los edificios, en el color del cielo y en las formas de las nubes que van pasando. Es decir, utiliza los ojos para apreciar el mundo que te rodea como si estuvieras en una inmensa galería.

- Cuando te reúnas con otras personas, además de fijarte en el lugar donde sucede el encuentro, presta atención a detalles y matices que hablan del estado emocional y de las intenciones de los presentes. ¿Cómo están sentados, en postura relajada o incorporados tensamente sobre sus sillas? ¿Qué hacen con las manos? ¿Su mirada es fija o distraída? Este enfoque nos dará una mirada más profunda, tanto literal como metafóricamente, sobre quién es cada cual y cómo está aquí y ahora.

CÓMO MIRAR UN CUADRO

Wassily Kandinsky, uno de los artistas clave de las vanguardias del siglo XX, daba el siguiente consejo para admirar el arte: «*Preste sus oídos a la música, abra los ojos a la pintura, y... ¡deje de pensar! Pregúntese si ha podido "caminar" a un mundo hasta ahora desconocido. Si la respuesta es sí, ¿qué más quiere?*».

Siguiendo este enfoque, los museos de pintura son lugares magníficos para reaprender el arte de mirar. Algunas claves para una experiencia *Ichigo-ichie* entre las paredes de una pinacoteca:

- Un error que se comete a veces en un museo es querer «verlo todo», ya que nuestra capacidad de atención es limitada. Después de cincuenta o sesenta piezas, quizá incluso antes, es fácil que nos sintamos sobrepasados y con fatiga. Para evitarlo es mejor elegir solo una parte de la colección o, incluso, las obras de un artista que nos interesa especialmente.

- A lo largo de nuestra visita elegiremos de tres a cinco cuadros que nos llaman especialmente la atención. Si hay un lugar donde sentarse frente a la pintura, como sucede con algunas obras maestras, mucho mejor.

- Dedicaremos al menos cinco minutos para contemplar cada una de estas piezas. Tras observarla en conjunto, nos fijaremos en los detalles para abrazar con la mirada su totalidad, dejándonos absorber por el lienzo, como si formáramos parte de él.

- A continuación, nos podemos formular preguntas como estas: ¿qué historia está contando este cuadro? ¿Qué pudo haber inspirado a su autor? ¿Qué emociones despierta en mí esta imagen? ¿Hay algo en ella que puedo relacionar con mi vida?

- Si se trata de una pintura abstracta, nos centraremos en las últimas dos preguntas.
- Antes de salir de la galería, si podemos adquirir en la tienda del museo una postal de esas piezas, la podremos utilizar posteriormente como recuerdo del momento *Ichigo-ichie* en que estuvimos delante de la obra maestra.

El arte de tocar

Decía el poeta Paul Valéry que «*lo más profundo es la piel*», porque a veces es el tacto lo que nos provoca sensaciones de mayor impacto emocional. ¿Cómo olvidar la primera vez que tomamos la mano de la persona que nos gustaba? Por no hablar del primer beso...

Hay momentos *Ichigo-ichie* que tienen su culminación en el tacto, un sentido al que a menudo no prestamos suficiente atención, y que es además una necesidad humana esencial.

Investigaciones llevadas a cabo por la Asociación Americana de Psiquiatría (APA) concluyeron que un simple abrazo tiene el poder de reducir los niveles de cortisol, la hormona del estrés que, si se segrega de forma continuada, puede tener efectos devastadores en la salud. Otro estudio conducido por la Universidad de Miami en 2010 demostró que, con el abrazo, los receptores de la piel envían una señal al nervio cerebral encargado de reducir la presión arterial.

Por lo tanto, tocarse y abrazarse es beneficioso incluso como terapia preventiva para muchas enfermedades que ponen en riesgo nuestra vida.

Se considera que cuatro abrazos al día bastarían para favorecer la salud emocional y física de una persona, pero según Andy Stalman, experto en relaciones internacionales, lo idóneo serían ocho abrazos de seis segundos al día. Al parecer, esa es la duración mínima para que la oxitocina —la hormona de la felicidad— llegue al cerebro, despertando sentimientos de afecto y confianza.

BENEFICIOS DEL TACTO

Además de crear momentos memorables, la práctica habitual del tacto presenta los siguientes beneficios:

1. *Reduce la presión arterial y facilita la relajación* general del organismo. Ayuda a mitigar la migraña y procura un sueño de mejor calidad. Esto explicaría por qué solemos dormir mejor después de hacer el amor.

2. *Transmite un sentimiento de confianza e intimidad* que no se consigue a través de las palabras. Un conflicto que no se ha podido resolver con muchas discusiones puede disolverse con un abrazo largo y sincero.

3. *Da motivación para alcanzar el éxito.* El doctor Dacher Keltner, autor de *Born to Be Good: The Science of a Meaningful Life,* asegura que los jugadores de equipo que se felicitan con abrazos o palmadas obtienen mejores resultados que los que no interactúan físicamente.

4. *Afianza las relaciones.* Los sexólogos señalan que las parejas que se tocan y acarician cada día tienen un mayor grado de

empatía y son más duraderas que las que solo utilizan el tacto para las relaciones sexuales.

5. *Levanta el ánimo.* Tras un mal día, un buen abrazo o incluso un masaje relajante puede disolver la negatividad acumulada durante la jornada.

El descubrimiento de Boris Cyrulnik

Divulgador del concepto de *resiliencia*, este neurólogo y psiquiatra francés, que sufrió el horror de los campos de exterminio, estudia desde hace medio siglo la importancia del afecto para el equilibrio humano.

Tras la caída de Ceaucescu, el doctor Cyrulnik trabajó con niños huérfanos de orfanatos de Rumanía que no habían recibido caricias durante los primeros diez meses de su vida. Un estudio neurológico de los pequeños demostró que tenían atrofiados los lóbulos prefrontales y la amígdala.

Según el autor de *Los patitos feos*, entre otros ensayos, esto era debido a la falta de estimulación sensorial por parte de sus cuidadores, que se habían limitado a alimentarlos y a darles la atención médica indispensable.

Entre los niños que habían alcanzado los cinco años, el 10 % mostraba trastornos psicológicos graves, y un 90 % tenían conductas cercanas al autismo, todo ello debido a esa falta de interacción afectiva.

Vista la situación, los niños fueron enviados a familias de acogida que los trataron con gran cariño y atención. Y entonces se produjo el milagro: al cabo de solo un año, casi todos los pequeños se recuperaron y sus lóbulos prefrontales volvieron a desarrollarse.

Actividades para despertar el tacto

Si queremos incluir los cinco sentidos en nuestros momentos únicos, merece la pena que ejercitemos regularmente esta forma de percepción no siempre atendida. Algunas ideas:

- Cuando toques algo con las manos, por ejemplo, el tronco rugoso de un árbol, cierra los ojos e imagina que tienes oídos y ojos en tus manos.
- Acostúmbrate a tocar las cosas en tu vida cotidiana. Si vas a comprar ropa, antes de probártela palpa el tejido para conocer su textura.
- Al salir a la calle, toma conciencia de los cambios del tiempo sobre tu piel: percibe el frío o la calidez del sol, la humedad, la brisa...

- En superficies donde no haya nada que pueda herirte —madera, césped, tierra limpia—, practica el caminar descalzo para despertar también la sensibilidad de las plantas de tus pies. Siente en ellos el peso de tu cuerpo y los movimientos para equilibrarlo.

El maestro de ajedrez Bobby Fischer, considerado un hombre muy mental, dijo en una ocasión que «*nada alivia tanto el sufrimiento como las caricias humanas*», pero ese sentido no debería estar restringido al consuelo. Como los niños que se toman las manos formando un corro, el tacto puede formar parte de nuestra celebración de la vida.

El arte de saborear

Con la popularización de la gastronomía en las últimas décadas, el gusto es un sentido que cada vez tenemos más despierto, lo cual no significa que no podamos darle más presencia con experiencias únicas.

Una de las que más han sorprendido en Europa en tiempos recientes son los restaurantes *Dans le noir*, con una propuesta singular y sin duda memorable: cenar en oscuridad total, con un servicio atendido por camareros ciegos.

Iniciado en París en 2004, es la primera cadena en el mundo de estas características, donde los comensales tienen la oportunidad de vivir cosas totalmente nuevas como estas:

- Tratar de adivinar lo que están comiendo, cosa no siempre fácil, ya que las texturas y los olores pueden confundir sin la intervención de la vista.
- El 90 % de los clientes son incapaces de distinguir si están tomando vino tinto, rosado o blanco.
- Al cenar a ciegas, la única referencia de los comensales en otras mesas es el oído, de modo que están mucho más atentos con ese sentido, tal como sucede a los invidentes.

Una manzana que es el universo

Inspirado en esta nueva tendencia de restauración, el ejercicio que sigue busca lograr la plenitud de atención que propone a sus discípulos el monje vietnamita Thich Nhat Hanh:

«No debe haber nada más que ocupe tu mente cuando mastiques una manzana —ni proyectos, ni entregas, ni preocupaciones, ni listas de cosas que hacer, ni miedos, ni dolor, ni ira, ni pasado, ni futuro—. Solo debe existir la manzana».

A no ser que tengas aversión a esta fruta —en ese caso, elige otro alimento—, puedes llevar a cabo así el ejercicio de *mindfulness:*

1. Véndate los ojos hasta asegurarte de que no puedes ver nada.

2. Toma la manzana —previamente lavada— en la mano y siente su peso y dureza, el tacto de su piel.

3. A continuación, acerca la fruta a tu nariz y aspira con calma su aroma. Eso te permitirá, además, gozar mucho más de su sabor, ya que gusto y olfato se potencian entre sí.

4. Da un primer mordisco a la manzana. Antes de masticar, siente ese pedacito sobre tu lengua —nota la acción de la saliva—, y luego debajo de ella.

5. Mastica a continuación el trozo de manzana como si fuera lo único que existe en el universo.

HUMOR Y SABOR

Una investigación llevada a cabo en 2015 por los doctores Dando y Noel con un grupo de aficionados al hockey demostró cómo el estado de ánimo incide en nuestro gusto.

Cuando el equipo local ganaba, los seguidores disfrutaron de sabores que antes no les habían gustado. En la situación contraria, ante la derrota del equipo, los investigadores comprobaron a través de encuestas que el sabor dulce perdía fuerza y el amargo les resultaba más desagradable.

Por lo tanto, una buena disposición de ánimo —una compañía agradable puede ayudar en eso— es el ingrediente definitivo para que disfrutemos de la comida.

Umami: el quinto sabor

El sentido del gusto tuvo en sus orígenes una función esencial en nuestra supervivencia, pues permitía al ser humano conocer características de alimentos que quizá nunca antes había probado.

Así, el dulce señalaba aquella comida capaz de procurar energía. Lo salado, los alimentos ricos en sales esenciales para nuestro organismo. El amargo y el ácido eran avisos de que aquello que se pretendía comer podía ser peligroso.

Un quinto sabor especialmente apreciado por los japoneses es el *umami*, que se relaciona con la comida que tiene un buen nivel de aminoácidos.

A finales del siglo XIX, todavía no se había identificado el origen del *umami* (旨味: 旨 delicioso, 味 sabor, en japonés) que experimentamos al comer productos fermentados, como un buen queso, un jamón de bellota no demasiado salado, o un tomate maduro que no esté ni dulce ni ácido.

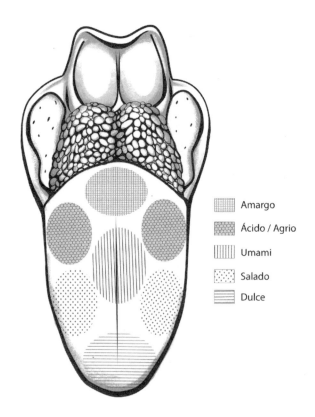

- Amargo
- Ácido / Agrio
- Umami
- Salado
- Dulce

En este gráfico podemos ver los puntos de la lengua donde se perciben los diferentes sabores.

Otra curiosidad sobre el *umami* es que la leche materna, especialmente la de los seres humanos, es muy rica en glutamato, uno de los aminoácidos clave en alimentos como las algas *konbu*.

En un experimento realizado con bebés japoneses, en el que se midieron por su expresión facial las reacciones de los pequeños al probar alimentos con sabor amargo, ácido, dulce y *umami,* se demostró que, además del placer que les produce el dulce, el *umami* generaba en ellos una expresión de serenidad.

Los japoneses descubrieron este sabor en las algas *konbu* y el *katsubushi,* pero el *umami* también está presente en la sopa de miso o la salsa de soja.

En Estados Unidos, lo encontramos en el kétchup, por ejemplo, pero hay muchos más alimentos relacionados con «el quinto sabor» en cocinas de todo el mundo.

Cuando sintamos que un alimento no está ni dulce, ni ácido, ni amargo, ni salado, pero está delicioso... *¡Umami!*

El arte de oler

Un hecho que demuestra nuestro poco conocimiento sobre el olfato es que el ser humano puede reconocer hasta 10.000 olores diferentes y, sin embargo, la mayoría de personas cuentan con poco más de diez adjetivos para definirlos.

Hay algo muy especial en el sentido más misterioso que poseemos, puesto que trabaja con lo invisible: es el que está más ligado a la memoria.

Seguro que te ha sucedido alguna vez. Entras en un lugar donde te asalta un olor familiar. Puede tratarse de un perfume, de un ambientador, del olor de la madera o de cualquier otra cosa, pero lo que estás oliendo te obliga a detenerte. Aquel aroma conocido te transporta a otra época, quizá a una situación concreta, a algún momento que quedó dormido en tu memoria y ahora despierta de repente.

En su descomunal *En busca del tiempo perdido*, Marcel Proust describía un momento de epifanía parecido con una madalena remojada en una taza de té: «... *de la misma manera que opera el amor, llenándome de una esencia preciosa; o, más bien, esta esencia no estaba en mí sino que era yo mismo. Y no me sentía mediocre, limitado, mortal. ¿De dónde podía haberme venido esta poderosa alegría?».*

La máquina del tiempo

No hemos inventado el artilugio que describió H. G. Wells en su famosa novela de ciencia ficción, pero disponemos de un vehículo mucho más sencillo e instantáneo: el olfato.

Más que ningún otro sentido, tiene la capacidad de hacernos viajar por el tiempo, rescatando momentos *Ichigo-ichie*, debido a que los aromas se abren paso hacia el hipocampo y la amígdala, relacionados con el aprendizaje y las emociones.

Otra particularidad del olfato es que está íntimamente ligado al gusto, como hemos dicho en el capítulo anterior. Por este motivo, las personas que pierden la capacidad de oler también dejan de disfrutar de la comida, ya que no pueden distinguir los sabores entre sí.

Volviendo a su poder para hacernos viajar en el tiempo, según Guillermo Bértolo, director de cuentas de la agencia Déjà Vu Brands, «*los seres humanos memorizamos un 3 % de lo que vemos, un 5 % de lo que oímos y un 35 % de lo que olemos*».

Es un cálculo difícil de comprobar, pero está claro que el olfato es nuestro sentido con mayor poder de evocación. El olor de la tierra húmeda tras la lluvia o el cloro de una piscina nos puede llevar muy lejos en el tiempo.

Sin embargo, el poder sutil de nuestra nariz va mucho más allá de la memoria y la apreciación de sabores.

UN DIARIO DE OLORES

Para potenciar esta antena tan sutil de nuestro kit de percepción, una herramienta muy útil es tener un diario de olores. Para hacerlo, cada vez que un aroma nos transporte a un determinado momento y lugar lo anotaremos en el cuaderno. Con el tiempo, tendremos una «agencia de viajes» de bolsillo donde, para sacar nuestro pasaje, solo necesitaremos aspirar el aroma indicado, cerrar los ojos y dejarnos llevar.

El botiquín olfativo

En los templos de Asia, el incienso se usa para trasladar a los visitantes a «otro lugar», y podemos replicar esta experiencia con incienso o velas aromáticas en casa para sintonizar otros lugares y estados de nuestra conciencia.

La aromaterapia es un arte que se practica desde hace milenios, ya que en China, India y Egipto se utilizaba para prevenir y curar enfermedades, incluidas las del alma.

Veamos a día de hoy qué propiedades se atribuyen a tres de los aceites esenciales más utilizados:

- *Pino para mitigar el estrés.* En un estudio llevado a cabo por la Universidad de Kioto, 498 voluntarios hicieron dos paseos de quince minutos el mismo día en un bosque de pinos. Al terminar la experiencia, los que previamente sentían ira, nervios o tristeza reportaron un gran alivio. De hecho, los más estresados fueron los que mostraron en el test una mayor mejoría. Aunque no tengamos un bosque a mano, el aroma de los pinos a través de una esencia nos puede procurar esta paz de espíritu.

- *Lavanda para conciliar el sueño.* Numerosos estudios apuntan a que esta planta de flores moradas es un excelente remedio contra el insomnio, gracias a sus taninos, flavonoides y otras sustancias naturales que rebajan la ansiedad y favorecen que se destensen los músculos, lo cual facilita el descanso.

- *Menta para ganar concentración.* Conocida desde tiempos ancestrales como vigorizadora de la mente, en Estados Unidos la utilizan muchos universitarios para potenciar su atención durante el estudio. Sirve asimismo para reanimar el cuerpo después de un día agotador, y, a menudo, se disuelven unas gotas en la bañera.

En la cadena japonesa Muji, presente en muchos países del mundo, pueden encontrarse estos aromas y muchos otros en forma de velas, incienso o como esencia para unos vaporizadores eléctricos que se comercializan allí.

Entre la carta de variedades, encontramos rarezas como el de leño ardiendo, que resulta sorprendentemente fiel.

Dada la vinculación de los olores a la memoria, si queremos crear en el ahora los mejores recuerdos del futuro, introducir algún aroma distintivo en la ceremonia ayudará a hacerla memorable.

LA LUNA SOBRE LA TORRE

El perfume japonés más conocido es el de Issey Miyake, el diseñador elegido por Steve Jobs para crear una versión personalizada del famoso suéter de cuello de tortuga negro.

En 1992, lanzó su esencia *L'eau d'Issey* (el agua de Issey). Para la imagen estilizada de la botella, con el tapón esférico, se inspiró en las vistas desde su apartamento en París, donde reside, una noche que la luna llena coincidía con la punta de la torre Eiffel.

Este artista nació en Hiroshima en 1938, por lo que era un niño de siete años cuando cayó la bomba nuclear, un tema del que ha evitado hablar durante toda su vida. Aun así, asegura que cada vez que cierra los ojos vuelve a ver «lo que nadie debería haber vivido jamás», y que causó la muerte de su madre tres años después a causa de la radiación.

Su dedicación al mundo de la moda, sin embargo, tiene que ver con esa terrible experiencia, según sus propias palabras: *«Todos anhelamos lo bello, lo desconocido, lo misterioso (...), por eso prefiero pensar en cosas que pueden ser creadas, no destruidas, y que traen belleza y felicidad».*

PARTE III

LA PEQUEÑA ESCUELA DEL *ICHIGO-ICHIE*

El arte de las fiestas

El origen del *Ichigo-ichie* es la ceremonia del té que hemos comentado ampliamente: una fiesta con un ritual y un propósito muy definidos. Sin embargo, el arte de crear ceremonias que sedimenten en el corazón no es exclusivo de Oriente. Aunque de otro modo, en Europa ha habido verdaderos «maestros de té» en sus respectivas disciplinas.

Uno de ellos fue Étienne de Beaumont. Fuera de Francia es un personaje poco conocido, pero entre las dos guerras mundiales este conde, que era mecenas, decorador, modisto y libretista, se distinguió por su capacidad para preparar fiestas inolvidables.

En 1918, organizó en París un enorme concierto de jazz tras reclutar a un grupo de militares afroamericanos. Montaba bailes temáticos con motivos como «el mar» o «cuadros célebres» que debían servir de inspiración a los invitados. Asimismo, impulsó las «*soirées* de París», donde mezclaba el cabaret, la poesía, el ballet y el teatro, contando con la participación de artistas como Jean Cocteau, Picasso o Erik Satie.

La última fiesta suya que se recuerda fue «el baile de los reyes y reinas» de 1949, donde Christian Dior aparecería disfrazado de león, como rey de los animales.

Sin duda, Étienne de Beaumont sabía crear *Ichigo-ichie* en sus fiestas, ya que nunca repetía una misma idea. Los que acudían a sus actos sabían que se trataba de una oportunidad única. Dominaba *el arte de las fiestas* —como el tema más conocido de la banda Japan—, y sabía cómo lograr que no fueran previsibles, en todos los sentidos.

De hecho, una frase que se le atribuye es: «*Las fiestas se dan sobre todo para aquellos a los que no se invita*».

Radiografía de un fracaso

Muchas personas coinciden en que la mayoría de las fiestas resultan aburridas, a no ser que haya amigos con los que nos guste hablar siempre.

En una celebración privada a la que fuimos invitados en una ocasión, había mesas rebosantes de un catering excelente, bebidas de toda clase, decoración esmerada, velas, música...

Junto a un altavoz había un tipo bailando en solitario, lo cual nos transmitió una extraña tristeza. El resto de invitados ocupaban sofás y sillas con expresiones varias que iban de la timidez al cansancio, pasando por el hastío.

La mayoría no se conocían entre sí y, dado que aparecimos hacia el final de la noche, al parecer todas las «conversaciones de ascensor» se habían agotado ya.

¿Qué había fallado? En apariencia, la fiesta lo tenía todo para satisfacer a los invitados: buena comida y bebida, un lugar confortable y bien decorado, música suave, ambiente internacional...

Sin embargo, faltaba un ingrediente clave que a Étienne de Beaumont no se le habría escapado: un argumento. Los organizadores no habían previsto ningún tema o sorpresa que hiciera el evento memorable.

Claves para una fiesta *Ichigo-ichie*

Al igual que una novela o película que sea una mera sucesión de hechos, sin una trama definida, nos acaba aburriendo, una celebración única debe basarse en algo singular que sea la excusa o centro de la reunión.

Cuando se reúnen los jugadores de rol, o los aficionados a cualquier otra cosa, ese centro queda claro y el encuentro rápidamente adquiere «argumento» y una razón de ser. Aunque se trate solo de un grupo de amigos que quedan para ver el fútbol por la tele, el ritual está definido y pasarán un buen rato juntos, incluso si su equipo pierde.

En una fiesta que no tenga un objetivo concreto —en el anterior ejemplo, ver un partido—, si los participantes no tienen especial química entre ellos, el encuentro pronto derivará hacia el aburrimiento y la fatiga.

Sin embargo, así como el maestro de té prepara cada detalle de la ceremonia, si quien organiza la fiesta tiene claro el argumento, el ritual que va a llevarse a cabo para que los invitados se lleven un buen recuerdo, entonces todo cambia.

Si nos toca organizar cualquier evento al que queremos dotar de *Ichigo-ichie*, la pregunta clave que debemos hacernos es:

¿Por qué será recordada esta fiesta?

La respuesta a esa pregunta sería el «argumento» de la reunión. Veamos unos cuantos ejemplos de fiestas con *leitmotiv*:

- Un concierto, dado por el anfitrión o por un artista invitado, que tendrá lugar en medio del evento. Eso creará una expectativa y ofrecerá un punto de atención a los que son tímidos o están demasiado cansados para hablar.
- La proyección de un breve documental sobre un determinado lugar o país, si la comida o cena que se sirve tiene esa inspiración. Esto dotará al encuentro de un carácter «temático» que agradará a los invitados,

que cuando se refieran a aquel momento dirán: «*¿Te acuerdas de aquella noche coreana en casa de...?*». Este simple recurso dotará de alma y significado a lo que suceda en la mesa, tal como ocurre con el *chanoyu*.

- Una misión que implique a todos los participantes. Un ejemplo sería un encuentro de fin de año en el que cada asistente deba traer un propósito para el año siguiente y así recibir el apoyo y las ideas de los demás para llevarlo a cabo.

- Un juego colectivo que permita a las personas conocerse mejor. Por ejemplo, pedir a cada uno que traiga un objeto significativo y, en un momento de la cena o de la reunión, exponer por qué es tan especial para él o ella: qué recuerdos o sentimientos le despierta, o cuál es su mensaje, si lo tiene. Esto hará de la velada un momento mágico y de verdadero encuentro, dejando recuerdos muy definidos en los archivos mentales de los participantes.

La clave del *leitmotiv* o ritual es que sea *emotivo*. Es decir, aquello que ofrezcamos debe mover las emociones de los presentes.

Eso implica:

- Conocer la sensibilidad de los participantes (también para evitar temas que puedan resultar ofensivos).

- Buscar un territorio común y agradable donde todos se sientan incluidos. Para ello, basta con formularnos la pregunta: «¿Qué nos une?».

EL ORÁCULO SALVAJE

Los surrealistas como André Breton y sus amigos, que se aventuraron en la vanguardia artística acostumbraban a utilizar el azar para crear nuevos y sugerentes significados en sus reuniones, que, sin ellos saberlo, tenían mucho de *Ichigo-ichie*.

Un juego muy adecuado para romper el hielo en una reunión demasiado formal es lo que hemos denominado «el oráculo salvaje», cuyo procedimiento es muy sencillo:

1. Se entrega a cada participante, que debe tener algo con lo que escribir, medio folio en blanco o un folio doblado en dos.

2. A continuación, pediremos a los participantes que escriban en una cara de la hoja una pregunta sobre algo que les gustaría saber sobre ellos mismos. La pregunta debe empezar con «¿Por qué...?» y estar en primera persona de singular. (Ejemplo: *«¿Por qué estoy siempre de mal humor cuando me levanto?»*).

3. Acto seguido, se pide a los participantes que giren la hoja y que, tras poner la mente en blanco, escriban ahora una respuesta cualquiera, lo primero que les pase por la cabeza, sin que tenga nada que ver con la pregunta que han escrito antes. Debe empezar con *porque* y estar en segunda persona de singular. (Ejemplo: *«Porque naciste demasiado tarde»*).

4. Dividiremos ahora el grupo en dos, y los primeros preguntarán qué quieren saber sobre ellos mismos, contestando los segun-

dos aquello que hayan escrito al azar. (Ejemplo: «*¿Por qué estoy siempre de mal humor cuando me levanto?*». Respuesta: «*Porque naciste demasiado tarde*»).

5. Luego cambiaremos los roles para que los que han respondido puedan plantear su pregunta y obtener su respuesta.

La finalidad de este juego, que es mucho más divertido y revelador de lo que parece, es comprobar de qué manera el azar nos ofrece conexiones que tienen sentido, llegando a soluciones que nunca habríamos alcanzado por el pensamiento lógico. Supone, por lo tanto, un entrenamiento para el llamado *pensamiento lateral*. Dado el carácter personal de las preguntas, además, será el inicio de conversaciones interesantes entre los contertulios, que no olvidarán este curioso ejercicio.

Un romance permanente

Una broma que se hacen a menudo las parejas, cuando hablan de su relación delante de terceras personas, es decir cosas como: *«A este/esta ya lo/a tengo conquistado/a»*, y es habitual que la otra parte responda: *«Oye..., ¡que a mí me tienes que conquistar cada día!»*.

Y lleva razón. El secreto de las parejas de larga duración es que comparten muchos momentos *Ichigo-ichie*. No dan nada por supuesto y trabajan en los pequeños detalles del día a día para que no se apague la llama.

Esto implica escapar de la inercia que lleva a muchos matrimonios a un aburrimiento como el del psiquiatra de los dados, con un guion de vida sin variaciones: desayuno veloz – trabajo – cena en casa – dormirse frente a la televisión – acostarse.

Un día tras otro, este mismo itinerario compartido lleva de forma segura a la apatía y, en ocasiones, a aventuras fuera de la pareja que tal vez no se habrían producido si ambos hubieran conservado la química de los inicios.

Con el espíritu *Ichigo-ichie* podemos tomar iniciativas —al menos un día por semana— para que no sea todo anodino y previsible. Dos ejemplos:

- Hacer un regalo —de valor emocional, no tiene por qué costar nada— sin que haya una razón para ello.
- Convertir el comedor de casa en un restaurante romántico, con buena música ambiental, velas, nuestra mejor vajilla y cubertería. Incluso podemos poner sobre la mesa el menú impreso de los platos que irán saliendo.

Lo esencial es romper la inercia cotidiana creando una historia, algo que merezca la pena rememorar. De hecho, cuando trabajamos conscientemente el *Ichigo-ichie*, estamos creando los recuerdos del futuro. Recuerdos que unirán a la pareja gracias a momentos como este.

Si queremos mirar atrás con nostalgia y felicidad, no podemos permitir que el presente sea una pura acumulación de días. Para evitarlo, existe la magia que se activa con nuestra voluntad de convertir cada encuentro en algo especial.

El *Ichigo-ichie* en el trabajo

¿Quién dijo que una reunión de trabajo tiene que ser aburrida? ¿Por qué no aplicar el arte de las fiestas a una actividad que, durante la vida laboral, ocupa la tercera parte de nuestra vida?

Los autores de este libro quisimos que, para hacer honor al concepto, su presentación en la Feria del Libro de Londres tuviera un espíritu genuinamente *Ichigo-ichie*. Para ello, en lugar de la típica presentación en una mesa del *agents center*, decidimos organizar para nuestros editores un evento especial y memorable:

- Alquilamos una tetería japonesa en el barrio de Fitzrovia, en el centro de Londres, donde los convocamos a las siete de la tarde, tras una jornada agotadora en la feria.
- En la sala reservada para ellos, el personal de la tetería sirvió tres clases de té: *genmaicha*, *kukicha* con flores de *sakura* y un *bancha* macrobiótico, además de dulces

adecuados para nuestra particular ceremonia de *cha-noyu*.

- Preparamos un breve video sobre el *Ichigo-ichie* en Japón, que se proyectó en el salón de té como recibimiento para los invitados.

- Tras entregar a nuestros editores un extracto del libro y explicar los principales conceptos, empezó a servirse el té al gusto de cada uno y los pasteles, mientras sonaba de fondo el *BTTB** de Sakamoto, nuestro disco favorito del compositor japonés.

- Nuestros editores de todo el mundo pudieron, así, relajarse conversando entre ellos en un ambiente y una ceremonia puramente japoneses.

- Despedimos a todos los asistentes con un *Ichigo-ichie*, muy felices de haber compartido con ellos esta velada inolvidable.

En esencia, el arte de las fiestas, independientemente de su naturaleza, tanto si es para una convención como para una cena en pareja, es la voluntad de crear una experiencia única que embellezca la vida de todos.

---

* Publicado en 1999, las siglas de este álbum de piano son el acrónimo de «Back to the Basics», lo que expresaba el deseo del músico japonés de regresar a la esencia de su arte y su instrumento tras años dedicado a bandas sonoras de compleja orquestación.

Y, para lograrlo, como cantaban Los Beatles, además de la atención y de un ritual emotivo, todo lo que necesitamos es amor. El éxito de nuestro encuentro será proporcional al cariño y a las horas de preparación que hayamos invertido, algo en lo que los japoneses —grandes amantes del detalle— son verdaderos maestros.

Mindfulness colectivo

Al principio de este libro, hablamos de Yamanoue Soji, el maestro de té que, en 1558, mencionó por primera vez el concepto que estamos incorporando a nuestra vida. El sentido de lo que dijo fue: «*Trata a tu anfitrión con* Ichigo-ichie».

¿A qué se refería con eso? ¿Qué implica tratar a un huésped como si el encuentro fuera a suceder una sola vez en la vida?

Ante todo, significa prestar atención. A lo que estamos haciendo, a las necesidades del otro —por ejemplo, sentir a través del *feedback* cuándo debemos callar—, a la magia del instante compartido.

La fuente de (casi) todos los conflictos

Gran parte de los problemas que vivimos en el día a día, y que, en escala «macro», se traducen en conflictos políticos o incluso bélicos, tienen su origen en la falta de atención a los demás.

En nuestro mundo globalizado tenemos la posibilidad de conectarnos con miles, millones de personas, pero es extremadamente raro encontrar a alguien que escuche. Y ese es un don esencial, como hemos visto en el capítulo dedicado a este sentido. Cuando no tenemos la capacidad de escuchar, los gritos sustituyen a las palabras, nuestro parloteo mental a la comprensión profunda de lo que necesita decirnos el otro.

El *Ichigo-ichie* es una llamada a recuperar el poder de la atención con la pareja, los amigos, la familia, los compañeros de trabajo, la sociedad y el mundo entero.

Ser conscientes de que este momento puede ser el último nos devuelve al presente, del mismo modo que escucharíamos las palabras de un moribundo que va a legarnos todo lo que tiene. Y esta imagen no es casual. Cuando estamos plenamente presentes en el otro, en los demás, solo entonces podemos recibir todo lo que tienen y son.

En un mundo superpoblado y lleno de conflictos, necesitamos, más que nunca, dejar de mirarnos el ombligo y lograr una mayor conexión con todas las personas. Practicar la atención y estar conscientes juntos puede salvar el mundo.

Una nueva clase de *mindfulness*

En su mayor parte, los ejercicios de *mindfulness* están orientados a practicar la atención individual. Es decir, a través de entrenamientos como el MBSR* diseñado por el doctor Jon Kabat Zinn, aprendemos a tomar conciencia de nuestro cuerpo, de nuestras emociones y pensamientos.

Así, a lo largo del curso, que dura ocho semanas, los alumnos aprenden a prestar atención a la respiración, a cada uno de sus miembros; están presentes al descansar, al caminar, incluso cuando una nube de pensamientos molestos invade su espacio mental.

¿Cómo pasamos de esta atención y presencia individual al *mindfulness* colectivo? ¿De qué manera podemos viajar de nuestro mundo interno, con nuestras percepciones, juicios y necesidades, al mundo del otro para compartir profundamente momentos únicos?

Según Andrés Martín Asuero, pionero del *mindfulness* en Hispanoamérica —y nuestro maestro de MBSR—, la toma de atención sobre uno mismo facilita de inmediato la conexión con los demás. Tal como aseguraba en una entrevista:

«La práctica de mindfulness *nos ayuda a darnos cuenta de qué hacemos, cómo lo hacemos, cómo nos sentimos con lo que hacemos, y cómo se sienten los demás. Y desde ese conocimiento ponemos en marcha procedi-*

---

* Acrónimo de Mindfulness-Based Stress Reduction, es decir, «reducción del estrés basada en el *mindfulness*».

mientos, mecanismos, actitudes orientadas hacia la armonía con uno mismo y con los demás».

Veamos algunas medidas para potenciar esta capacidad de estar *atentos con los demás:*

- La primera es de sentido común, por eso no deja de ser sorprendente que tan poca gente la practique: *desconectar cualquier dispositivo* cuando alguien nos esté hablando. Resulta humillante tratar de contar algo a alguien que mira de reojo su *smartphone* o que incluso se permite trastear con él, una actitud despreciativa que se observa incluso en los parlamentos.

- *Escuchar las palabras, pero también el cuerpo.* Con los gestos, la postura, el tono, la mirada..., el otro nos comunica cómo se siente, consigo mismo y con nosotros. En ese sentido, una atención completa implica ser consciente de todo eso, para así podernos amoldar a la situación emocional del otro.

- *Hacer preguntas sin ser invasivo.* A muchas personas les resulta frustrante explicar algo que consideran importante, tal vez un problema que no saben resolver, y obtener solo silencio y una palmadita en el hombro. No se trata de aportar soluciones ni de asumir una responsabilidad que no nos corresponde, pero unas cuantas preguntas bien dirigidas —con la escucha activa de la que ya hemos hablado— suponen para el interlocutor un doble beneficio: a) demostramos que estamos prestando atención, b) le ayudamos a indagar en aspectos del tema que quizá no se había planteado.

- *Simplemente acompañar.* Muchas veces, lo que el otro necesita no es nuestra opinión, ni siquiera nuestras preguntas. Algunas personas solo necesitan sentirse acompañadas, saber que estamos ahí compartiendo su dolor o su preocupación.
- *O dejar en paz.* En situaciones de mucha tensión, el mejor favor que podemos hacer a quien está fuera de sí es regalarle intimidad. Por mucho que nos urja resolver un conflicto, si la otra parte está demasiado «removida», la soledad puede ser su mejor bálsamo. Incluso si está enfadada con nosotros, *mindfulness* es también permitirle su enfado y retirarnos.

METTA-BAVHANA

A menudo somos incapaces de vivir el momento porque estamos cargados de resentimiento, de cuentas pendientes con los demás. Y, como vimos al principio del libro, es imposible estar en el pasado y en el presente al mismo tiempo.

¿Cómo desprendernos de los sentimientos de hostilidad hacia aquellas personas que —consideramos— nos han hecho daño, nos han tratado de forma injusta o no han correspondido nuestro amor o amistad?

Esta meditación budista en cinco fases sirve para aplacar la rabia que nos aparta del instante presente, y transformar la negatividad en amor, comprensión y amistad hacia todos los seres.

Para llevar a cabo el *metta-bhavana,* que se traduce como «desarrollo de la tierna bondad», solo hay que seguir estos cinco pasos:

1) Siéntate y envía sentimientos de calor, amabilidad y buena voluntad hacia ti mismo. No se trata de *pensar* sino de *sentir* estas emociones.

2) Ahora piensa en un amigo o amiga, que no sea tu pareja o un familiar, y procura desarrollar sentimientos de amor todavía mayores hacia esta persona.

3) Acto seguido, elige una persona «neutral» —piensa en alguien que te resulte indiferente— y céntrate en mandarle sentimientos de ternura y humanidad. Abraza su humanidad.

4) Piensa, a continuación, en alguna persona difícil o incluso enemiga, alguien que te desagrade profundamente, y esfuérzate en desarrollar este mismo sentimiento de calor, bondad y comprensión hacia su persona.

5) Para terminar, reúne en tu mente a estas cuatro personas —tú, el amigo, la persona neutral y el enemigo— y trata de albergar sentimientos de ternura hacia los cuatro en conjunto. Visualiza cómo ese amor se propaga hacia tu entorno personal, tu ciudad, el país, el mundo entero.

El mundo está invitado

Practicar la atención plena con los demás no está solo indicado para el conflicto y el dolor, también resulta muy útil en entornos sociales de ocio como los que presentábamos en el anterior capítulo.

Para entender cómo funciona en un contexto lúdico, tenemos el caso singular de Jim Haynes, un bohemio norteamericano afincado en París que en el momento de terminar este libro contaba ochenta y cuatro años.

Este activista de la contracultura es un mito viviente en la capital francesa por sus concurridos «Sunday Dinner» en el taller de artista —se dice que perteneció a Matisse— donde vive, en el barrio de Montparnasse. Cualquier persona del mundo puede acudir a estas cenas multitudinarias totalmente *Ichigo-ichie*, ya que nadie se conoce y difícilmente se volverá a coincidir con los invitados.

Para asistir hay que conseguir el teléfono de Jim y llamarle para formar parte de la cena, donde cada domingo cocina un chef de París distinto —de forma gratuita, pues se considera algo «cool»—. El lema del anfitrión es: «El mundo está invitado».

Los forasteros que van llegando pagan una cantidad simbólica por los alimentos y las bebidas que se han comprado, pero lo más interesante del acto es ver a Jim Haynes en acción —uno de los autores de este libro pudo asistir a una de estas cenas—, ya que su manera de dirigir el *dinner* es un ejemplo de *mindfulness* colectivo.

Mientras van picando de diferentes platos, los invitados se pasean entre las librerías para curiosear las publicaciones de Jim en su propio sello Handshake* editions, entre otros, con títulos como *Trabajadores del mundo, ¡uníos y dejad de trabajar!* O *¡Gracias por venir! Una biografía participativa.* En el momento de la visita, tenía la intención de escribir *Cocinar para cien.*

Pero veamos la atención plena del anfitrión a todo lo que sucede en estas singulares cenas para extraños. Desde lo alto de un taburete, Jim Haynes toma conciencia de todos los solitarios despistados que pululan por el taller y va dando indicaciones de quién debe hablar con quién.

Algunos ejemplos podrían ser:

—¡Tú, el del jersey amarillo! Deja ese libro y ve a hablar con la chica de gafas que está en el sofá.

—Vosotros dos, sí, vosotros. Ya habéis hablado bastante rato. Os propongo que vayáis a conocer a estos dos tíos raros que están sirviéndose taboulé.

—Una japonesa que se está durmiendo bajo la lámpara... ¿Es que nadie va a darle conversación?

La idea primordial es que nadie se sienta excluido.

Desde su podio, la atención de Jim a lo que sucede en el taller es absoluta. Como un director de orquesta, aplica el *mindfulness* al arte de presentar desconocidos entre sí. Según las tipologías y actitudes que observa, va

---

* En inglés, «apretón de manos».

emparejando conversadores. Se dice que más de una pareja o amistad de por vida ha salido de una de estas cenas para combatir el desánimo del domingo.

Detrás de este campeón de las presentaciones, que durante más de tres décadas ha creado *Ichigo-ichie* domingo a domingo, parece latir la filosofía del célebre poema que John Donne escribió en 1624:

Ningún hombre es una isla entera por sí mismo.
Cada hombre es una pieza del continente,
una parte del todo.
Si el mar se lleva una porción de tierra, toda Europa
queda disminuida, como si fuera un promontorio,
o la casa de uno de tus amigos, o la tuya propia.

Para regresar al ahora

En el capítulo dedicado a Steve Jobs y el budismo hemos mencionado la *metacognición,* que es la capacidad de los seres humanos para inspeccionar nuestra propia mente. El fundador de Apple la practicaba sentado en posición de *zazen* frente a la pared.

Sin embargo, para observar los propios pensamientos no hay que haberse deslomado en un cojín de meditación, ni tampoco estar bajo la inspiración de un maestro de zen. Basta con sentarse, en un espacio tranquilo y sin demasiado ruido, y observar con total neutralidad lo que pasa por nuestra pantalla mental, sin juzgar en ningún momento.

Equivale a virar el foco de nuestra atención de afuera hacia dentro y hacernos la pregunta: «*¿Qué estoy pensando?*».

Como en un cielo borrascoso, si observamos impasibles veremos circular recuerdos, ideas, emociones agradables o turbadoras, creencias, pensamientos razonables o descabellados...

Aunque lo que pase por tu cine interior sea una aberración, tu actitud debe ser de neutralidad, porque partes de una base: «*Tú no eres tus pensamientos*». Al separar al observador de lo observado en este ejercicio de metacognición, logramos desapegarnos de la mente, a la vez que observamos sus procesos. Esto nos procura una calma inaudita.

Al dejar de identificarnos con nuestros pensamientos, nuestro ego se disuelve y fluimos plenamente con el instante, a la vez que comprendemos de forma intuitiva y profunda la naturaleza de la realidad. Estos momentos de epifanía son un *Ichigo-ichie* solitario, momentos de tal lucidez que comprenden una vida entera.

LA RESPUESTA DE MAHARSHI

En un artículo sobre el Advaita —la experiencia mística de unidad con el Todo, presente ya en los orígenes del hinduismo—, la ensayista Anna Sólyom rememoraba el encuentro entre un joven Papaji y Sri Maharshi en 1944. El primero hizo al gran maestro indio una pregunta que ya había formulado a todos los gurús y personas santas que había conocido en su larga búsqueda:

—*¿Puedes mostrarme a Dios? Y si no es así, ¿sabes de alguien que pueda hacerlo?*

—*No puedo mostrarte a Dios o permitirte ver a Dios* —le respondió Maharshi— *porque Dios no es un objeto que pueda ser visto. Dios es el sujeto. Él es el vidente. No te preocupes por los objetos que se pueden ver. Descubre quién es el vidente.*

> En lugar de darle una visión de Dios, Maharshi guió a Papaji hacia su propio ser, logrando que —como en la actual física cuántica— el observador se fundiera con lo observado. Ese fue el inicio de su iluminación.

Los enemigos del *Ichigo-ichie*

Mientras nos vamos acercando a la particular visión zen de la iluminación, el *satori,* totalmente ligado al instante, hagamos una pausa para identificar a los enemigos del presente, los hábitos y actitudes que nos roban el regalo del ahora, impidiéndonos vivir momentos inolvidables:

- *Proyecciones.* Como hemos visto en la primera parte del libro, los viajes de la mente al pasado, donde residen el dolor y el resentimiento, o al futuro, sede del miedo y las preocupaciones, nos apartan del momento presente.
- *Distracciones.* El ahora solo se puede vivir con plenitud si no intentamos hacer varias cosas a la vez. Un hombre paseando por el bosque a la vez que actualiza las redes sociales en su móvil no está en el instante. De hecho, ni siquiera está en el bosque.

- *Fatiga.* Un mal descanso o haber trabajado demasiado puede dificultar nuestro deseo de disfrutar del momento presente. En el primer caso, porque el sueño nos atenaza. En el segundo, porque estamos tan activados mentalmente que no logramos bajar del grado de excitación para vivir en el ahora. Un ejemplo sencillo sería cuando salimos corriendo de la oficina para ir al cine, porque nos apetece mucho ver una película, pero, una vez en el asiento no logramos concentrarnos en lo que sucede delante de nuestros ojos, porque los problemas con los que hemos lidiado siguen revoloteando por nuestra cabeza.
- *Impaciencia.* Querer precipitar los acontecimientos —por ejemplo: un enamorado que no puede esperar al primer beso— también nos «saca» del ahora. El *Ichigo-ichie* exige entregarse a lo que estamos viviendo sin expectativas de ninguna clase. Aquello que está sucediendo es lo mejor que podemos vivir, porque lo estamos viviendo ahora.
- *Análisis.* Un dicho popular reza: *«Si quieres ser feliz como dices, no analices».* Ciertamente, cuando tratamos de diseccionar el momento, lo matamos. ¿Por qué hay que buscarle a todo un significado? Querer entender por qué lo que estamos viviendo nos haces felices arruina de inmediato la felicidad. La alegría del momento no puede ser definida, diseccionada, comprendida; solo puede ser vivida.

Cuando el tiempo se detiene

¿Te ha sucedido alguna vez, en medio de una actividad agradable, sentir que el tiempo deja de tener sentido? Así como cuando nos sumergimos en el agua no existe otra cosa que el cuerpo entrando en el frescor de otro elemento, cuando fluimos con una actividad que nos absorbe, mentalmente salimos del tiempo.

Albert Einstein lo explicaba así cuando le preguntaron qué era la relatividad del tiempo: «*Si uno se sienta sobre una plancha caliente durante un segundo, parecerá una hora. Pero si una chica hermosa se sienta en tu regazo durante una hora, parecerá un segundo. ¡Eso es la relatividad!*».

De hecho, cada momento de *Ichigo-ichie* nos sitúa en la atemporalidad. Medir el tiempo deja de tener sentido porque, como en el ejemplo de Einstein, una hora puede parecernos un segundo y, sin embargo, el recuerdo de esa experiencia puede pervivir luego en la mente durante días enteros. A veces, durante toda una vida.

Esto sucede porque cuando vivimos en el *flow*, cuando fluimos totalmente con la vida, nos instalamos en la atemporalidad. No solo el tiempo, sino el mundo entero parece desaparecer.

Nos hallamos ya cerca del *kensho* y el *satori* que veremos ahora mismo.

El *satori* según D. T. Suzuki

Cuando el presente se apodera de todo nuestro ser, convirtiendo el pasado y el futuro en una ilusión, así como el mundo físico, en el zen se considera que hemos alcanzado el *satori*.

Este estado de iluminación instantánea, que a veces llega de manera totalmente imprevista, es la «razón de ser» de los practicantes de zen: capturar un momento que contiene toda la belleza y comprensión del universo.

Responsable de la llegada del zen a Estados Unidos, Daisetsu* Teitaro Suzuki publicó los primeros libros en inglés que hicieron accesible esta rama del budismo japonés a los norteamericanos.

Renunciando a la parafernalia de otras escuelas del budismo, con sus símbolos, rituales y textos sagrados, D. T. Suzuki afirmaba que *«para sumergirse en el zen solo es necesario centrarse en la respiración, en un movimiento o en un paisaje inmutable como una pared blanca».*

En cuanto al *satori*, la iluminación abrupta que buscan los practicantes de zen, para Suzuki presenta estas características:

---

* Título que significa «Gran Simplicidad» y que le fue dado por su maestro de zen Soyen Shaku.

1. *Es irracional.* No se puede llegar a través de la lógica, ya que desafía todo razonamiento intelectual. Quienes han experimentado el *satori* no pueden explicarlo de manera coherente o lógica.

2. *Es intuitivo.* El *satori* no se puede explicar, solo se puede vivir y sentir.

3. *Es directo y personal.* Es una percepción que surge de la parte más interior de la conciencia.

4. *Es afirmación de la vida.* Supone una aceptación de todo lo que existe, de todas las cosas a medida que surgen, independientemente de sus valores morales.

5. *Nos da un sentido del más allá.* Al experimentar el *satori,* sentimos que está arraigado en otra parte. El caparazón individual en el que mi personalidad está tan sólidamente encerrada explota en el momento de vivir el *satori.* La sensación que sigue es de completa liberación o completo descanso, de que uno ha llegado finalmente al destino.

6. *Tiene un tono impersonal.* En palabras del propio Suzuki: «*Tal vez el aspecto más notable de la experiencia zen es que no tiene una connotación personal, como las experiencias místicas cristianas*».

7. *Sensación de exaltación.* Al romper con la restricción de ser alguien individual, experimentamos una expansión infinita de nuestro ser.

8. *Momentaneidad.* «*El satori se encuentra abruptamente —afirma Suzuki— y es una experiencia momen-*

tánea y pasajera. De hecho, si no es abrupto y momentáneo, no es satori».[*]

SATORI Y KENSHO

El *satori*, que literalmente significa «comprensión», es la palabra que usa el zen para referirse a un tipo de despertar o iluminación. Otro término del budismo japonés para referirse a un estado de iluminación es *kensho*.

Las diferencias entre el *kensho* y el *satori* han sido muy discutidas entre varios autores. Según D. T. Suzuki, el *kensho* es una experiencia momentánea en la que ves a través de un túnel directo tu propia naturaleza, mientras que el *satori* es una transformación más profunda y duradera.

En ambos casos, se trata de estados a los que puede llegar nuestra conciencia para conectar con el presente y con nuestra verdadera naturaleza, que es Una con el Universo, en lugar de ser arrastrados por la ansiedad.

Aunque no lleguemos a estos estados de iluminación, nos podemos acercar a ellos a través de cualquier práctica meditativa.

* Resumido de su obra *Zen Buddhism: Selected Writings of D. T. Suzuki* (Nueva York: Anchor Books, 1956), pp. 103-108.

Una meditación zen

Los autores de este libro hemos practicado diferentes tipos de meditación a lo largo de nuestra vida: *zazen, mindfulness* y *metta-bavhana,* entre otras. No tenemos preferencia por ninguna en concreto, pero hemos comprobado que todas son buenas herramientas para vivir más en el presente.

Si no te has iniciado aún en estas prácticas, busca aquella que se adapte mejor a tu forma de ser y con la que te sientas mejor. Al principio, puede ser útil contar con un maestro o instructor que supervise tu posición corporal y las dudas que puedan surgir. Luego podrás incorporar la meditación a tu rutina diaria sin ayuda de nadie.

Para los muy nerviosos, existen incluso aplicaciones de *mindfulness* en el móvil para meditar aunque solo sean cinco minutos al día.

Cerraremos este capítulo, sin embargo, con las pautas para una meditación zen clásica que podemos practicar en cualquier lugar. Basta con veinte minutos diarios para observar grandes avances en nuestra serenidad, así como en nuestra capacidad para capturar el momento.

1. Siéntate en un lugar tranquilo, donde nadie te moleste.

Si ya tienes práctica, puede ser sobre un cojín de meditación, aunque también sirve una silla. Puedes sentarte cómodamente, pero con la espalda recta.

2. Dirige toda tu atención al aire que entra y sale, lenta y silenciosamente, por tus fosas nasales. Pon todo tu foco en ese proceso que te da la vida.

3. Para ayudar a concentrarte, puedes contar las inspiraciones y exhalaciones en grupos de diez. Si en algún momento te despistas o un pensamiento te arrastra hacia el pasado o el futuro, vuelve a empezar la cuenta.

4. No te preocupes si mientras estás meditando acuden pensamientos de cualquier clase. Considéralos nubes pasajeras. Recuerda que tú no eres tus pensamientos. Deja que pasen sin juzgarlos.

5. Si a lo largo de la meditación —al principio basta con veinte minutos al día— solo logras tener la mente sin pensamientos durante unos segundos, puedes considerarlo un éxito. Tras tu sesión de meditación sentirás un descanso como si hubieras dormido muchas horas.

6. No pases de la meditación a la actividad de forma brusca. Cuando termines tu sesión —por ejemplo, puedes poner una campanita como despertador en tu móvil—, date un tiempo para desperezarte y empezar a mover tu cuerpo antes de levantarte para volver a tus actividades.

¿Qué pasaría si...?

Una de las novelas que más nos ha hecho reflexionar a los autores de este libro es *El mago,* a cuya escritura John Fowles dedicó veinte años de su vida. Cuenta la historia de Nicholas, un joven aburrido con su vida en Londres que acepta un trabajo como profesor de inglés en una isla griega perdida.

Allí conocerá a un personaje misterioso, un millonario excéntrico llamado Conchis que convierte cada encuentro en un juego donde se desdibujan las fronteras entra la realidad y el sueño.

Al leer esta novela, ambos coincidimos en que la motivación de «el mago» para crear estos escenarios y situaciones delirantes es su rechazo a la realidad apática de la isla, donde nadie se atreve a traspasar los límites de lo previsible.

Por este motivo, aplica la siguiente máxima: «*Si no te gusta tu realidad, crea otra donde sí puedas vivir*». Ambos hemos seguido varias veces esta idea, que ha promovido en nosotros cambios radicales de lugar de residencia, de profesión varias veces, o la investigación de lugares remotos como la aldea que daría pie a nuestro ensayo *Ikigai.*

Una pregunta mágica

Así como se da papel y colores a los niños que se aburren para que hagan emerger en el blanco nuevos mundos, también los adultos necesitamos a menudo crear realidades diferentes para escapar del tedio.

Todas las personas tienen el músculo de la creatividad. Lo que sucede es que algunas lo utilizan y otras no.

De manera errónea, hay quien piensa que él no es creativo. No existe nadie así, ya que el ser humano está hecho para adaptarse, inventar, aprender, transformar y transformarse... La vida de cualquier ser humano es un acto de creación constante, ya desde el nacimiento.

Cuando sintamos que todo nos aburre, sin ilusiones ni alicientes, podemos recurrir a una pregunta mágica que el pedagogo y escritor italiano Gianni Rodari consideraba la piedra filosofal.

Tanto para escribir una historia como para escribir —o reinventar— el guion de la propia vida, la pregunta es:

¿Qué pasaría si...?

Al completar la pregunta, abrimos las compuertas al flujo creativo para salir del bloqueo y pasar a un mundo con *Ichigo-ichie*. Veamos ejemplos de cómo utilizar este recurso en tres situaciones comunes de apatía vital:

1. *Hace tiempo que mi trabajo me aburre y no veo salida.* ¿Qué pasaría si, después de pedir una excedencia o ahorrar para unos cuantos meses, me permito dejarlo para explorar otras posibilidades?

2. *Mi pareja y yo discutimos constantemente; a veces evitamos charlar para no tener que pelearnos.* ¿Qué pasaría si un día por semana jugamos a la isla de la armonía, que supone el reto de no pensar ni decir nada negativo —quejas, reproches— mientras dure la sesión?

3. *Estoy en crisis y siento que mi vida no me gusta, aunque no sé por qué.* ¿Qué pasaría si me permitiera ser otra persona, muchas personas distintas incluso, en los próximos meses?

En el momento que transformamos nuestro malestar en la pregunta «*¿Qué pasaría sí...?*», cambiamos la parálisis por el movimiento vital, porque formular hipótesis creativas sobre nuestra vida es el paso previo a llevar a cabo los cambios.

¿Qué pasaría si después de leer este libro aplicaras cambios reales a tu forma de vivir? ¿Qué pasaría entonces con tu vida?

La fórmula del *Ichigo-ichie*

Llegamos al final de este libro que esperamos que sirva de inspiración para, a partir de ahora, disfrutar de muchos momentos inolvidables al lado de las personas que nos importan, empezando por nosotros mismos.

Iniciamos nuestra aventura en una vieja tetería de Kioto, atentos a las cartas de amor que mandaba el viento y la lluvia, como decía el Maestro Ikkyu, y una flor de *sakura* de aquella primavera nos sirve para sintetizar la fórmula del *Ichigo-Ichie*, con los ingredientes que hemos visto a lo largo de estas páginas.

© Héctor García & Francesc Miralles

Una **celebración**, como el *chanoyu,* si es emotiva quedará grabada en nuestro corazón. Tal como afirmaba la profesora Maya Angelou: *«Las personas olvidarán lo que dijiste y lo que hiciste, pero nunca olvidarán cómo las hiciste sentir».*

Para conseguirlo, necesitamos convertirnos en maestros de ceremonias de nuestra propia vida, dando sentido y argumento a cada instante, creando desde el aquí y ahora lo que alimentará la nostalgia del futuro. Por ello, tal como canta Scott Matthew en una de nuestras canciones favoritas: *«¡Hazlo bonito ahora!».*

La **buena compañía** es también esencial para el *Ichigo-ichie,* ya que hay personas que no tienen la *joie de vivre* y que son capaces de arruinar cualquier fiesta o encuentro con su negatividad. Si tienes la oportunidad de escoger, rodéate de personas alegres y motivadoras, capaces de valorar y compartir la belleza de cada instante, con capacidad de escuchar.

Y si te encuentras a solas, ¡asegúrate de ser una buena compañía! Con la disposición de espíritu adecuada, un té contigo mismo puede ser una fiesta inolvidable.

Busca un **lugar inspirador** para el encuentro, porque hay espacios que promueven los mejores sentimientos y conversaciones. Un café con alma, un restaurante que nos trae recuerdos de nuestra infancia, una calle solitaria con atmósfera de otra época, bosques que acarician nuestros sentidos con su poesía y frescor.

También podemos hacer de nuestra casa, incluso de nuestro lugar de trabajo, un templo del *Ichigo-Ichie*. Iluminación agradable —tal vez, el candor de las velas por la tarde—, cuadros y figuras que nos evoquen emociones positivas, una música que ponga nuestro corazón en buena sintonía... Si sabemos crear el envoltorio adecuado, el presente será nuestro regalo.

El *mindfulness* nos servirá para vivir con los cinco sentidos aquello que está sucediendo. Ningún momento puede ser memorable si no le prestamos atención, si no estamos plenamente presentes.

Por eso el *Ichigo-ichie* depende de nuestra capacidad para escuchar, mirar, palpar, oler y saborear cada momento, haciendo una sola cosa a la vez, y haciéndola con toda nuestra alma, como si fuera lo último que vivimos en esta tierra.

La **atemporalidad** vendrá por si sola si nos entregamos a la experiencia con el resto de pétalos de esta flor de *sakura*. Un ritual que despierta las emociones con la mejor compañía —aunque sea la nuestra—, en el lugar perfecto y con la disposición mental adecuada nos hará fluir, y en ese *flow* desaparece el ayer y el mañana, sentimos que el tiempo se detiene en un presente interminable. Tal vez experimentemos incluso un *satori*.

Para ayudar a que eso suceda, dejemos los relojes y móviles en un cajón. El instante es un amante celoso que exige que se lo entreguemos todo.

Cada momento irrepetible es un pequeño oasis de felicidad.

Y muchos oasis juntos acaban formando un mar de felicidad.

Los diez principios del *Ichigo-ichie*

Terminaremos nuestra ceremonia juntos a lo largo de estas páginas con diez principios que resumen la filosofía que hemos aprendido en este libro:

1. **No aplaces los buenos momentos.** Como el cazador del cuento que encuentra abiertas las puertas de Shambhala, cada oportunidad se nos ofrece solo una vez. Si no la abrazas, se pierde para siempre. La vida es un asunto de ahora o nunca.

2. **Vive como si esto fuera a ocurrir una sola vez en tu vida.** El consejo del maestro de té de hace medio milenio sigue vigente. Por eso, es inspirador saludar a nuestros seres queridos y despedirnos de ellos con un *Ichigo-ichie* para tomar conciencia de lo único e irrepetible de este encuentro.

3. **Instálate en el ahora.** Los viajes al pasado y al futuro son muchas veces dolorosos y, casi siempre, inútiles. No puedes cambiar lo que pasó. No puedes saber lo que pasará. Pero aquí en este momento laten todas las posibilidades del mundo.

4. **Haz algo que nunca hayas hecho.** Como decía Einstein, no se puede esperar resultados diferentes actuando siempre del mismo modo. Otra forma de lograr un momento inolvidable es entregarte al *kaika*, permitir que florezca en ti algo nuevo.

5. **Practica el *zazen*.** Puedes acomodarte en un cojín de meditación o, simplemente, sentarte a observar el milagro de la vida. El solo hecho de bajarte del torbellino cotidiano de obligaciones y prisas abrirá las compuertas del bienestar.

6. **Aplica el *mindfulness* a tus cinco sentidos.** Entrena el arte de escuchar, mirar, tocar, saborear y oler para darle a cada momento toda la riqueza de las percepciones humanas. Eso te permitirá también estar más atento a los demás y aumentar tu empatía e influencia.

7. **Detecta las coincidencias.** Ser consciente de las sincronicidades nos ayuda a leer mejor las señales que nos manda el destino. Un diario en el que tomemos nota de estos momentos de magia cotidiana aumentará nuestra capacidad de seguir los hilos invisibles de la realidad.

8. **Convierte cada encuentro en una fiesta.** No esperes a que se den determinadas condiciones —vacaciones, un viaje, un cumpleaños— para vivir lo extraordinario. Con la disposición adecuada, cada día puede ser domingo.

9. **Si no te gusta lo que hay, crea algo diferente.** El ser humano es transformador por naturaleza, y tiene el poder de reinventarse todas las veces que sea necesario. Si tu realidad es demasiado aburrida y previsible para vivir con *Ichigo-ichie,* tienes la oportunidad de crearte otra.

10. **Sé un cazador de buenos momentos.** Como sucede con cualquier oficio, cuanto más practiques, más abundantes y generosas serán las recompensas.

Muchas gracias por habernos acompañado hasta aquí. Esto ha sido solo el principio. Cuando cierres este libro, abrirás la vida, donde te esperan muchos momentos inolvidables. *Ichigo-ichie!*

HÉCTOR GARCÍA & FRANCESC MIRALLES

Agradecimientos

A Anna Sólyom, por su apoyo en el largo proceso que ha llevado este libro, por ser nuestra primera lectora y comentadora.

A Ana Gázquez, que, desde su «Fargo» canadiense, compartió con nosotros sus descubrimientos sobre la percepción humana.

A Cristina Benito, maestra de ceremonias de nuestra presentación en Londres; a nuestro «bro» Andrés Pascual, por sus consejos y por alojarnos en su apartamento de Notting Hill.

A Maria White, Joe Lewis y Patrick Collman, que aportaron su talento para mostrar este proyecto al mundo.

A Adriana Hernández Planillas, por su pasión y su ojo de lince para cazar erratas.

A nuestras talentosas agentes Sandra y Berta Bruna, y a todos sus coagentes, por llevar nuestros libros a todos los rincones del planeta.

A los editores de *Ikigai*, de *El método Ikigai* y *Shinrin-yoku*, por la pasión con la que dan a conocer nuestros libros y su permanente amabilidad con nosotros.

A nuestros lectores de todo el mundo, que dan sentido y motivación a nuestro trabajo.

Bibliografía

OTROS LIBROS DE LOS AUTORES

García, H. y Miralles, F.: *Shinrin-yoku, el arte japonés de los baños de bosque*. Planeta, 2018.

García, H. y Miralles, F.: *El método Ikigai*. Aguilar, 2017.

García, H. y Miralles, F.: *Ikigai: Los secretos de Japón para una vida larga y feliz*. Urano, 2016.

Miralles, F.: *Wabi Sabi*. Ediciones B, 2014.

García, H.: *Un geek en Japón*. Norma, 2012.

LIBROS CONSULTADOS

Anónimo: *Heike monogatari*. Gredos, 2006.

Auster, P.: *El cuaderno rojo*. Anagrama, 1994.

Chino Otogawa, K.: *Embracing Mind*. Jikoji Zen Center, 2016.

Cyrulnik, B.: *Los patitos feos*. Gedisa, 2002.

Donne, J.: *Antología bilingüe*. Alianza, 2017.

Fowles, J.: *El mago*. Anagrama, 2015.

Gladwell, M.: *Fueras de serie*. Taurus, 2009.

Jung, C.: *Synchronicity: An Acausal Connecting Principle* (Jung Extracts, Book 8). Princeton University Press, 2010.

Kabat-Zinn, J.: *Vivir con plenitud las crisis.* Kairós, 2018.

Kakuzo, O.: *El libro del té.* J. J. Olañeta Editor, 2016

Lindahl, K.: *The Sacred Art of Listening.* Skylight Paths, 2001.

Lorenz, E.: *La esencia del caos.* Círculo de lectores, 1996.

Martín Asuero, A.: *Con rumbo propio.* Plataforma, 2013.

Nhat Hanh, T.: *El milagro del mindfulness.* Oniro, 2014.

Proust, M.: *Por el camino de Swann.* Alianza, 2011.

Rodari, G.: *Gramática de la fantasía.* Booket, 2002.

Suzuki, D. T.: *Zen Buddhism: Selected Writings of D. T. Suzuki.* Doubleday, 2018.

Zimbardo, P. y Boyd, J.: *La paradoja del tiempo.* Paidós, 2009.

Este libro
se terminó de imprimir
en el mes
de marzo de 2019

megustaleer

Descubre tu próxima lectura

Apúntate y recibirás recomendaciones de lecturas personalizadas.

www.megustaleer.club

megustaleerES

@megustaleer

@megustaleer